保育・教職実践演習

実践力のある保育者を目指して

野津直樹・宮川萬寿美 編著

萌文書林
Houbunshorin

はじめに

　学校・養成校の教職員は「保育現場で輝く学生（就職生）をどう育てていくのか」を大きなテーマとして、日々授業に研究に明け暮れています。学生の立場からすると、教育に"熱心過ぎる"教職員たちに囲まれながら、勉学に実習に明け暮れる日々を過ごしていると思います。

　また、「保育現場で輝く学生（就職生）をどう育てていくのか」というテーマは学校・養成校の教職員だけのものではありません。保育現場において実習を通じ、園長を始めとする保育者・職員も「保育現場で輝く学生をどう育てていくのか」に真剣に向き合いながら学生指導に当たっています。学生をどう育てていくか、学生がどう育っていくか、これは保育の分野に限らず、養成分野において永遠のテーマであり、課題であると言い換えることができると考えます。

　教職実践演習は、「学生をどう育てるか」「どう育ってほしいか」というテーマを受け生まれ、そして保育現場に立つことを意識して生まれた科目です。教職員や保育現場の保育者たちが共通意識をもって、学生に関わり、保育者を育てることが求められています。また、学生の皆さんは保育現場で輝くための保育に関する専門的な知識・技術を身に付けていくために努力を重ねていかなければなりません。

　本書は保育・教育の専門家はもちろんのこと、保育現場での実践経験が豊かな方々にも執筆して頂いています。各章において授業内で取り組むためのワークを設定しています。また、コラムにおいては保育現場で今現在ご尽力されている先生方にも執筆して頂きました。ワークやコラムを通じて、学生が学ぶべき知識・技術がより身近でわかりやすく伝わるようなテキストとなることを目指しました。

　保育現場における諸課題を始めとして、新型コロナウイルス感染症の流行、地球規模での環境問題、さらには各国における社会情勢にいたるまで、どれをとっても私たちを取り巻く社会状況は混迷を極めるものとなっています。この状況下において、学生が学ぶべき知識・技術も多岐に渡ってきています。それでも、学生への"暑苦しい"教育を止めることなく、このゆるぎない気持ちをもって、本書を手にした方々を応援し続けていきたいと思っています。

2022年11月　編著者　野津直樹・宮川萬寿美

もくじ

第3章　家庭と子育て支援

もくじ

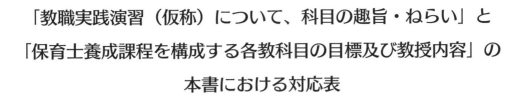

「教職実践演習（仮称）について、科目の趣旨・ねらい」と
「保育士養成課程を構成する各教科目の目標及び教授内容」の
本書における対応表

教職実践演習（仮称）について、科目の趣旨・ねらい	本書の該当章
教職実践演習（仮称）は、教職課程の他の授業科目の履修や教職課程外での様々な活動を通じて、学生が身に付けた資質能力が、教員として最小限必要な資質能力として有機的に統合され、形成されたかについて、課程認定大学が自らの養成する教員像や到達目標等に照らして最終的に確認するものであり、いわば全学年を通じた「学びの軌跡の集大成」として位置付けられるものである。学生はこの科目の履修を通じて、<u>将来、教員になる上で、自己にとって何が課題であるのかを自覚し</u>、必要に応じて不足している知識や技能等を補い、その定着を図ることにより、教職生活をより円滑にスタートできるようになることが期待される（二重下線は筆者による）。	本書全般、特に二重下線部は第1・5章

教員として求められる4つの事項	本書の該当章
1. 使命感や責任感、教育的愛情等に関する事項	第1章
2. 社会性や対人関係能力に関する事項	第1・4章
3. 幼児児童生徒理解や学級経営等に関する事項	第2・5章
4. 教科・保育内容等の指導力に関する事項	第1・2・5章

保育士養成課程を構成する各教科目の目標及び教授内容	
科目名	保育実践演習
目標	1．指定保育士養成施設における教育課程の全体を通して、保育士として必要な保育に関する専門的知識及び技術、幅広く深い教養及び総合的な判断力、専門職としての倫理観等が習得、形成されたか、自らの学びを振り返り把握する。 2．保育実習等を通じた自らの体験や収集した情報に基づき、保育に関する現代的課題についての現状を分析し、その課題への対応として保育士、保育の現場、地域、社会に求められることは何か、多様な視点から考察する力を習得する。 3．1及び2を踏まえ、自己の課題を明確化し、保育の実践に際して必要となる基礎的な資質・能力の定着をさせる。

内　　容	本書の該当章
1．学びの振り返り 　グループ討論、ロールプレイング等の授業方法を活用し、以下の①〜④の観点を中心に、これまでの自らの学びを、保育実習等における体験と結び付けながら振り返る。	本書全般ワーク
①保育士の意義や役割、職務内容、子どもに対する責任、倫理	第1・2・3・4章
②社会性、対人関係能力	第1・4章
③子どもやその家庭の理解、職員間の連携、関係機関との連携	第2・3・4章
④保育や子育て家庭に対する支援の展開	第3章
2．保育に関する現代的課題の分析に基づく探究 　グループワークや研究発表、討論等により、保育に関わる今日の社会的状況等の課題について自ら問いを立て、その要因や背景、課題解決の方向性及びその具体的内容や方法等について検討する。	第4・6章、 本書全般ワーク
3．1及び2を踏まえて、自身の習得した知識・技術等と保育に関する現代的課題等から、自己の課題を把握する。その上で、目指す保育士像や今後に向けて取り組むべきこと及びその具体的な手段や方法等を明確化する。	第1・4・5・6章

第 **1** 章

自己評価
~自身を知る~

学習の目的

　本章では、自身を知る手立てとなる自己評価について学んでいきます。教職実践演習では自己評価を行うことが求められます。これに関する法的根拠を明示することで、学生がなぜ自己評価を行わなければならないのかについて考えていきます。また、その方法としての履修カルテについて触れていきます。さらに、学校での保育者としての学びを修了しようとしている学生がもつべき保育者として求められる資質と能力について、保育者としてのあり様、対人関係能力等についても言及します。

　本章で学んだことは、学生が保育者となったときにおのおのの保育現場で行うこととなる自己評価の先行体験となり、保育者としての志をより明確にするためのスタート地点となります。

1. 自己評価とは

「8つのみちしるべ」より達成目標※1

①自己にとって何が課題であるのか把握する

・学生に自己評価を行うことが求められる根拠を理解する。
・自己評価を行う手がかりとしての履修カルテについて知る。
・本書で設定した8つのみちしるべのもととなっている2つの文書について知る。

（1）自己評価を行う法的根拠

　教育職員免許法施行規則（第2条備考10）において「教職実践演習は、当該演習を履修する者の教科及び教職に関する科目（教職実践演習を除く。）の履修状況を踏まえ、教員として必要な知識技能を修得したことを確認するものとする」と定められています。これはつまり学生がこれまで学んできた専門的な知識・技術について確認を行うということです。その手段として、本書においては自身で学習成果を振り返る"自己評価"を取りあげます。

　幼稚園における学校評価ガイドライン〔改訂〕（2011年11月15日）において、学校評価の一形態として自己評価を各学校の教職員が行うとしています。そのうえで「自己評価は、園長のリーダーシップの下で、当該学校の全教職員が参加し、設定した目標や具体的計画等に照らして、その達成状況や達成に向けた取組の適切さ等について評価を行うものである」と定義しています。教職実践演習においてこれを置き換えると、園長⇒授業担当教員、当該学校の全教職員⇒学生とすることができます。これを意識することにより教職実践演習を学んだ後、保育現場へ巣立つ者として、自己評価を行う先行体験を積むことができるはずです。

（2）自己評価を行う手がかり"履修カルテ"が生まれた瞬間

　教職実践演習*2という科目がスタートしたのは2009（平成21）年以前のこと

です。文部科学省中央教育審議会「今後の教員養成・免許制度の在り方について（答申）」（2006年）[i] において、以下のように述べられています。

○教職実践演習（仮称）は、教職課程の他の科目の履修や教職課程外での様々な活動を通じて学生が身に付けた資質能力が、教員として最小限必要な資質能力として有機的に統合され、形成されたかについて、<u>課程認定大学が自らの養成する教員像や到達目標等に照らして最終的に確認するものであり、いわば全学年を通じた「学びの軌跡の集大成」として位置付けられるものである</u>。学生はこの科目の履修を通じて、将来、教員になる上で、自己にとって何が課題であるのかを自覚し、必要に応じて不足している知識や技能等を補い、その定着を図ることにより、教職生活をより円滑にスタートできるようになることが期待される。

二重下線は筆者による

　下線内"最終的に確認するもの"の手筈を整えるべく、自己評価を行うことが全国的に主流になっていきました。自己評価を部分的（教育実習終了後の振り返り等）に行うことはあっても、全学年を通じた「学びの軌跡の集大成」として作成される自己評価ではなく、そこでこれを実践するために"履修カルテ"が作成されました。詳細は本章2で紹介します。

（3）教員として求められる資質・能力⇒保育者として

「教職実践演習（仮称）について」[ii] では、さらに教員として求められるものと称して、次のように述べています。

○このような科目の趣旨を踏まえ、本科目には、教員として求められる以下の4つの事項を含めることが適当である。
1.使命感や責任感、教育的愛情等に関する事項
2.社会性や対人関係能力に関する事項
3.幼児児童生徒理解や学級経営等に関する事項
4.教科・保育内容等の指導力に関する事項

二重下線は筆者による

＊2　課程認定大学によって呼称は様々です。そもそも教職実践演習は幼稚園から高等学校までに当たる初等中等教育を想定して設定されています。本書を手にする学生が在籍する大学や専門学校では"保育・教職実践演習"や"保育・教職実践演習（幼稚園）"といった呼称であることが多いのではないでしょうか。

　さらに、厚生労働省による「指定保育士養成施設の指定及び運営の基準について」内、教科目の教授内容「保育実践演習」*ⁱⁱⁱにおいて、以下のようにも述べられています。

１．学びの振り返り

　グループ討論、ロールプレイング等の授業方法を活用し、以下の①〜④の観点を中心に、これまでの自らの学びを、保育実習等における体験と結びつけながら振り返る。

① 保育士の意義や役割、職務内容、子どもに対する責任、倫理

② 社会性、対人関係能力

③ <u>子どもやその家庭の理解、職員間の連携、関係機関との連携</u>

④ <u>保育や子育て家庭に対する支援の展開</u>

２．保育に関する現代的課題の分析に基づく探究

　グループワークや研究発表、討論等により、保育に関わる今日の社会的状況等の課題について自ら問いを立て、その要因や背景、課題解決の方向性及びその具体的内容や方法等について検討する。

３．１及び２を踏まえて、自身の習得した知識・技術等と保育に関する現代的課題等から、自己の課題を把握する。

　その上で、目指す保育士像や今後に向けて取り組むべきこと及びその具体的な手段や方法等を明確化する。

二重下線は筆者による

　二重下線を中心としながら、これらを本書における"８つのみちしるべ"として集約、設定しました。これらが"保育者として求められる能力・資質"です。本書の各節冒頭において、８つのみちしるべに基づいて各節の達成目標を掲げています。自身が保育者となるために求められる能力・資質をその時々で確認しながら、本書を読み進めていくことを推奨します。

本書における８つのみちしるべ

① <u>自己にとって何が課題であるのか把握する</u>

② <u>使命感や責任感、教育的愛情等に関する事項</u>

③ <u>社会性や対人関係能力に関する事項</u>

④ 幼児児童生徒理解や学級経営等に関する事項

⑤ 教科・保育内容等の指導力に関する事項

⑥ 子どもやその家庭の理解、職員間の連携、関係機関との連携

⑦ 保育や子育て家庭に対する支援の展開

⑧ 保育に関する現代的課題の分析に基づく研究

（4）保育現場（幼稚園・保育所等）との緊密な連携・協力

さらに、以下*ⁱᵛのようにも述べられています。

○また、本科目の企画、立案、実施に当たっては、常に学校現場や教育委員会との緊密な連携・協力に留意することが必要である。

　これにより幼稚園とのなお積極的な連携を探っていくこととなりました。付属幼稚園等、そもそも同系列の保育現場をもっている大学や専門学校はその連携を仰ぐことに苦労は少なかったようです。そうでない大学等は地元の幼稚園協会等と連絡を取り合い、一からその授業形態を探っていくこととなります。

2. 履修カルテとは

「8つのみちしるべ」より達成目標

①自己にとって何が課題であるのか把握する

・履修カルテを作成する目的を知る。

・履修カルテを作成することにより、自己課題を明確にする。

・保育現場へ巣立つ前に、明確になった自己課題を達成するための努力を重ねる。

　ここでは自己評価を行う手がかりとしての履修カルテについて学びます。履修カルテを行う目的、その活用について、またその実践事例を示しています。履修カルテはすでに各学校にて独自に作成されていると考えます。実際には学生は各校の履修カルテを用いて自己評価を行います。本書で取り扱う履修カルテはその一例です。なお、本書の例に沿った形でワークも準備しています。

（１）履修カルテを行う目的

　文部科学省『教職課程認定申請の手引き（教員の免許状授与の所要資格を得させるための大学の課程認定申請の手引き）』において「教員養成カリキュラム委員会（教職課程の運営や教職指導を全学的に行う組織の仮称）等において、履修カルテを作成」[i] と記載されています。つまり、各学校において必ず履修カルテ原簿が作成されているということになります（教職課程認定を受けている学校のみ免許を授与することができるため）。

　履修カルテへ記入する主体（学生なのか、学校・教員なのか）については各学校の判断に任されています[1]。どちらが記入するにしても、学生一人一人の履修状況を自身と学校とで把握し合いながら、自身による修正と学校による指導に生かしていくことが履修カルテを作成する目的となります。

　また「教職実践演習[2]の進め方及びカリキュラムの例」[ii] として、以下のように記載されています。

【授業の実施にあたっての準備事項例】

● 教職実践演習の担当教員と、その他の教科に関する科目及び教職に関する科目の担当教員で教職実践演習の内容について協議

● 入学の段階からそれぞれの学生の学習内容、理解度等を把握（たとえば、履修する学生一人一人の「履修カルテ」を作成）

二重下線は筆者による

　これが教職実践演習のシラバスにて、履修カルテを作成する旨が示されている理由の一つです。

＊１　同書, 同ページ（２）履修カルテの記入について「※ 履修状況の把握は、教職実践演習を行う教員をはじめ、大学側が学生を指導するために把握することを目的とするものであるが、学生のモチベーションの向上等を目的として、学生に記入を行わせることも考えられる。この点の取扱い（大学側で記入するか、学生に記入させるか）については大学の判断で実施することとなる。」と記載されている。
＊２　本書による授業のことで、「保育・教職実践演習」と呼称しています。

（2）履修カルテへの記入

　履修カルテの例を図表1-1～1-3（pp.18～20）[iii]に示します。先ほどから紹介している『教職課程認定申請の手引き』に、履修カルテの例として記載されているものをここに一部抜粋しました。

　学生は各学校にてすでに作成されている履修カルテに記入することが現実的となります[3]。より各学校の実態に即したものとなっているはずです。また、学校(実際には科目担当教員や教職担当教員等)が履修カルテへ記入している場合もあります。どちらにしても大切なことは、自身が保育者となるための準備段階をどのように過ごしているのか、その現状を自身と学校両者が把握し、修正すべき箇所を(自身で、あるいは学校による指導のうえで)学生のうちに修正すべきであるということです。

（3）学生による実践事例

　筆者の担当科目で学生が履修カルテへ実際に記入した例を抜粋して紹介します（図表1-4,p.21）。ここでは履修カルテを先ほど示した図表1-1と図表1-2を合わせた様式として、教科担当が達成課題を設定したものとします。掲載のない科目についても同様に学生は記入しています。以下、記入すべき事項に関する説明を付け加えておきます。

- **評価（成績）**…自身の該当科目、成績を記入します。各学校によってもちろん異なりますが、SやA、B、C等の評価ランク、あるいは100、80点等の数値記入[4]でもよいと思います。
- **達成課題と評価【達成度】**…達成課題はここに抜粋してあるものについては筆者が3つ（①②③）設定したものです。これら一つずつに対し、学生が達成度を記入します。達成度が高いと思われる課題はより5に近い数値を、逆に低いと思われる課題はより1に近い数値に〇を付けます。
- **自己評価と今後の課題**…学生が該当科目についての自己評価を行います。現状（記入時点での学び）を自己評価したうえで、今後の課題を設定します。

---

[3]　「教職実践演習（仮称）について」内『3.到達目標及び目標到達の確認指標例』注2にて「課程認定大学においては、到達目標との関連を考慮して、適宜、確認指標例を組み合わせたり、あるいは別の確認指標例を付加して確認を行うことが望ましい」と明示しています。

[4]　60点未満の学生は次の機会に精一杯取り組んで、それ以上の点数獲得を目指しましょう。

○○○○大学教職課程　履修カルテ①　＜教職関連科目の履修状況＞

学籍番号・所属・氏名 等

1. 教職関連科目の履修状況

区分	授業科目名	単位	修得年度	教員名	評価	履修者の具体的な傾向・特徴
	国語科指導法	2	H23	○○ ○○		小学校国語科に関する基礎的な知識・技能は身についているが、教材の開発・作成能力については不十分な部分が見られる。
(※各大学で分類)						

2. 教職に関する学外実習・ボランティア経験等の状況

図表１－１　履修カルテ①（教職関連科目の履修状況）
文部科学省『教職課程認定申請の手引き』p.211

○○○○大学教職課程　履修カルテ②　＜自己評価シート＞

＜○○専修・コース＞　※教員免許取得のためのコース毎に作成

(1) 必要な資質能力についての自己評価

項目	項目	指標	必要な資質能力の指標	自己評価 2年次	自己評価 3年次	自己評価 4年次
学校教育についての理解	教職の意義	教職の意義や教員の役割、職務内容、子どもに対する責務を理解していますか。	使命感や責任感、教育的愛情	1・2・3・4・5	1・2・3・4・5	1・2・3・4・5
	教育の理念・教育史・思想の理解	教育の理念、教育史・思想についての基礎理論・知識を習得していますか。	使命感や責任感、教育的愛情	1・2・3・4・5	1・2・3・4・5	1・2・3・4・5
	学校教育の社会的・制度的・経営的理解	学校教育の社会的・制度的・経営的理解に必要な基礎理論・知識を習得していますか。	使命感や責任感、教育的愛情	1・2・3・4・5	1・2・3・4・5	1・2・3・4・5
子どもについての理解	心理・発達論的な子ども理解	子どもを理解のための心理・発達論的な基礎知識を習得していますか。	生徒理解や学級経営	1・2・3・4・5	1・2・3・4・5	1・2・3・4・5
	学習集団の形成	学習集団形成に必要な基礎理論・知識を習得していますか。	生徒理解や学級経営	1・2・3・4・5	1・2・3・4・5	1・2・3・4・5
	子どもの状況に応じた対応	いじめ、不登校、特別支援教育などについて、個々の子どもの特性や状況に応じた対応の方法を理解していますか。	生徒理解や学級経営	1・2・3・4・5	1・2・3・4・5	1・2・3・4・5
他者との協力	他者意見の受容	他者の意見やアドバイスに耳を傾け、理解や協力を得て課題に取り組むことができますか。	社会性や対人関係能力	1・2・3・4・5	1・2・3・4・5	1・2・3・4・5
	保護者・地域との連携協力	保護者や地域との連携・協力の重要性を理解していますか。	社会性や対人関係能力	1・2・3・4・5	1・2・3・4・5	1・2・3・4・5
	共同授業実施	他者と共同して授業を企画・運営・展開することができますか。	社会性や対人関係能力	1・2・3・4・5	1・2・3・4・5	1・2・3・4・5
	他者との連携・協力	集団において、他者と協力して課題に取り組むことができますか。	社会性や対人関係能力	1・2・3・4・5	1・2・3・4・5	1・2・3・4・5
	役割遂行	集団において、率先して自らの役割を見つけたり、与えられた役割をきちんと果たすことができますか。	社会性や対人関係能力	1・2・3・4・5	1・2・3・4・5	1・2・3・4・5
コミュニケーション	発達段階に対応したコミュニケーション	子どもたちの発達段階を考慮して、適切に接することができますか。	生徒理解や学級経営	1・2・3・4・5	1・2・3・4・5	1・2・3・4・5
	子どもに対する態度	気軽に子どもと顔を合わせたり、相談に乗ったりするなど、親しみを持った態度で接することができますか。	生徒理解や学級経営	1・2・3・4・5	1・2・3・4・5	1・2・3・4・5
	公平・受容的態度	子どもの声を真摯に受け止め、公平で受容的な態度で接することができますか。	社会性や対人関係能力	1・2・3・4・5	1・2・3・4・5	1・2・3・4・5
	社会人としての基本	挨拶、言葉遣い、服装、他の人への接し方など、社会人としての基本的な事項が身についていますか。	社会性や対人関係能力	1・2・3・4・5	1・2・3・4・5	1・2・3・4・5
教科・教育課程に関する基礎知識・技能	社会科	これまで履修した社会科教育分野の科目の内容について理解していますか。	教科の指導力	1・2・3・4・5	1・2・3・4・5	1・2・3・4・5
	教科書・学習指導要領	教科書や中学校学習指導要領(社会編)の内容を理解していますか。	教科の指導力	1・2・3・4・5	1・2・3・4・5	1・2・3・4・5
	教育課程の構成に関する基礎理論・知識	教育課程の編成に関する基礎理論・知識を習得していますか。	教科の指導力	1・2・3・4・5	1・2・3・4・5	1・2・3・4・5
	道徳教育・特別活動	道徳教育・特別活動の指導法や内容に関する基礎理論・知識を習得していますか。	教科の指導力	1・2・3・4・5	1・2・3・4・5	1・2・3・4・5
	総合的な学習の時間	「総合的な学習の時間」の指導法や内容に係る基礎理論・知識を習得していますか。	教科の指導力	1・2・3・4・5	1・2・3・4・5	1・2・3・4・5
	情報機器の活用	情報教育や教育機器の活用に係る基礎理論・知識を習得していますか。	教科の指導力	1・2・3・4・5	1・2・3・4・5	1・2・3・4・5
	学習指導法	学習指導法に係る基礎理論・知識を習得していますか。	教科の指導力	1・2・3・4・5	1・2・3・4・5	1・2・3・4・5

図表1－2　履修カルテ②（必要な資質能力についての自己評価）

文部科学省『教職課程認定申請の手引き』p.212

大分類	中分類	質問	区分					
教育実践	教材分析能力	教材を分析することができますか。	教科の指導力	1・2・3・4・5	1・2・3・4・5	1・2・3・4・5	1・2・3・4・5	1・2・3・4・5
	授業構想力	教材研究を生かした社会科の授業を構想し、子どもの反応を想定した指導案としてまとめることができますか。	教科の指導力	1・2・3・4・5	1・2・3・4・5	1・2・3・4・5	1・2・3・4・5	1・2・3・4・5
	教材開発力	教科書にある題材や単元等に応じた教材・資料を開発・作成することができますか。	教科の指導力	1・2・3・4・5	1・2・3・4・5	1・2・3・4・5	1・2・3・4・5	1・2・3・4・5
	授業展開力	子どもの反応を生かし、皆で協力しながら授業を展開することができますか。	教科の指導力	1・2・3・4・5	1・2・3・4・5	1・2・3・4・5	1・2・3・4・5	1・2・3・4・5
	表現技術	板書や発問、的確な話し方など授業を行う上での基本的な表現の技術を身に付けていますか。	教科の指導力	1・2・3・4・5	1・2・3・4・5	1・2・3・4・5	1・2・3・4・5	1・2・3・4・5
	学級経営力	学級経営案を作成することができますか。	生徒理解や学級経営	1・2・3・4・5	1・2・3・4・5	1・2・3・4・5	1・2・3・4・5	1・2・3・4・5
課題探求	課題認識と探求心	自己の課題を認識し、その解決にむけて、学び続ける姿勢を持っていますか。	生徒理解や学級経営	1・2・3・4・5	1・2・3・4・5	1・2・3・4・5	1・2・3・4・5	1・2・3・4・5
	教育時事問題	いじめ、不登校、特別支援教育などの学校教育に関する新たな課題に関心を持ち、自分なりに意見を持つことができていますか。	使命感や責任感、教育的愛情	1・2・3・4・5	1・2・3・4・5	1・2・3・4・5	1・2・3・4・5	1・2・3・4・5

(2) 教職を目指す上で課題と考えている事項

図表1-3　履修カルテ②（必要な資質能力についての自己評価）続き

文部科学省『教職課程認定申請の手引き』p.213

○○大学　履修カルテ

教科目名	評価(成績)	達成課題	評価(達成度) 低⇔高	自己評価と今後の課題
保育者論	S	①保育者の役割を言える。 ②主体性（自ら考え、自ら動く）のある保育者として備えるべき考え方を身に付けている。 ③保育者の葛藤がどう保育者としての成長を支えているのか、説明できる。	① 1, 2, 3, 4, ⑤ ② 1, 2, 3, 4, ⑤ ③ 1, 2, 3, 4, ⑤	授業では保育者としての役割や心構えを学び、自分の中に落とし込み、なぜ葛藤することが大切なのかを自分なりに考えた。葛藤を抱え、それをどのように乗り越えていくかが今後の課題となる。
環境	S	①環境とは何かを理解し、述べることができる。 ②子どもの視点に立った環境を整えるために必要な考え方を身に付けている。 ③自然環境との関わり、特に生物の命の尊さについて説明できる。	① 1, 2, 3, 4, ⑤ ② 1, 2, 3, 4, ⑤ ③ 1, 2, 3, 4, ⑤	環境とは子どものまわりにあるもの全て。環境を整えるための考え方を学んだ。自然環境に自ら興味をもち、関わる姿勢を今後も続けていきたい。
環境指導法	S	①5領域の1つとしての環境について理解している。 ②①の知識を基に教材研究を行い、指導計画を立案することができる。そして指導計画が見直す中で、修正・加筆、アドバイス等を受け入れることができる。 ③模擬保育の実施後、それを省察し、次の指導計画立案に生かすことができる。	① 1, 2, 3, 4, ⑤ ② 1, 2, 3, 4, ⑤ ③ 1, 2, 3, 4, ⑤	様々な教材研究を自分なりに行い、指導案を作成した。現状のコロナ対策を追加することの必要性を学んだ。他者の指導案より学ぶことが多く、今後も他者から学ぶ姿勢でいたい。

【履修カルテを通じて、2年間の学びを振り返り、次のことについて記入してみましょう。】

○あなたが大学で得られた学びとはどういったものですか。

保育者としての技術の基礎を学ぶことができた。正直、保育者論で学んだことは現場に出てこれから学んでいく現場に出でときの根底になっている。表現することの大切さも学んだ。今まで、通りも絵も歌も苦手だと思い込んで生きてきたが、案外そうでもなかったのかもしれないと思えるようになった。「上手・下手」の枠組みで物事を見る癖が付いていたが、表現することの楽しさを感じてからは楽しむことを感じることができた。福祉の視点から自信をもつこともできた。振り返ると2年間で様々な学びを得たなと改めて実感することができたから、自分なりに学びのベースを構築することができた。

○今後もあなたが大学で続けるべきことは何ですか。

学びを止めないことが大切だと感じる。資格や免許を取得することでどう変わるのだろうか。その資格や免許に満足しているのではなく、それ以上の成長を望む。保育者としての技術はこれから現場に出でから現場で学んでいくものだと感じている。保育者としての姿勢や心掛けを学んだように思う。その状況の中でベストを尽くすことが求められる。保育者を志した理由を常に自分の中にも持ち続けること。そして自分に届かないほどの高みを描きながら着実に学んでいくこと。この2つを忘れずにいたい。今は「○○を学びたい」という明確な何かはないが、学び続ける姿勢を大切にしたいと思う。人間関係や労働環境など、今から想像できないネガティブな要素に飲み込まれないよう、モチベーションを保てるようにするにはどうすべきか、新人として興味ある分野で共感できる先生方の熱量をメモするなど、そうした自分の頭の中から減らないように、思い描いた未来になるよう「今」を生きること。そうした姿勢で社会に出たいと考える。

図表1-4　学生による実際の履修カルテ

履修カルテを実際に記入してみましょう

1．履修カルテ内「環境」の達成課題に沿って、自身の達成度を記入して
みましょう。達成度が高ければより5に近く、低ければより1に近く
〇を付けましょう。

ヒント

・ここで記載されている達成目標は一例です。各学校で達成目標が設定さ
れていることと思いますが、このワークではこの達成目標で考えてみま
しょう。共通した部分を学んでいるはずです。

・このワークでは評価（成績）は記入しなくてOKです。各学校で作成さ
れた履修カルテにおいて必要な場合は記入しましょう。

・あくまで履修カルテへ記入する練習です。環境の達成課題について完璧
な答えを求めるものではありません。ここでは記入する練習ができてい
ればOKです。

・記入するのが難しい場合は、p.21の"図表1-4　学生による実際の履
修カルテ"を参考にしてください。

履修カルテ例

教科目名	評価（成績）	達成課題	評価【達成度】 低　⇔　高
環境		①保育における環境とは何かを理解し、述べることができる。	① 1　2　3　4　5
		②子どもの視点で環境を整えるために必要な考え方を身に付けている。	② 1　2　3　4　5
		③自然環境との関わり、特に生物の命の尊さについて説明できる。	③ 1　2　3　4　5

2．履修カルテ内「環境」の自己評価と今後の課題を記入してみましょ
う。スペースが少し狭いので小さい字で記入してください。

ヒント

・まずは、1年次に履修した環境の授業を思い出しながら、自己評価を記
入してみましょう。

・思い出すコツとして「環境の授業で何を学んだか」「どんな言葉（キー
ワード）が頭に思い浮かぶか」「先生の顔を思い浮かべながら、どんな
ことを話していたか」等があると思います。

・それでも思い出せない場合は、環境の教科書や自作ノートを見返すのも

いいでしょう。むしろ、よりよい振り返りを得られると思います。
・次に今後の課題として、理解が不十分だと感じたり、忘れてしまっていたりしたことについて記入してみましょう。
・あくまで履修カルテへ記入する練習です。ここでは練習ができればOKです。
・ワーク1同様に記入するのが難しい場合は、p.21の"図表1-4　学生による実際の履修カルテ"を参考にしてください。

履修カルテ例

達成課題	評価【達成度】 低 ⇔ 高	自己評価と今後の課題
①保育における環境とは何かを理解し、述べることができる。	① 1　2　3　4　5	
②子どもの視点で環境を整えるために必要な考え方を身につけている。	② 1　2　3　4　5	
③自然環境との関わり、特に生物の命の尊さについて説明できる。	③ 1　2　3　4　5	

3.保育者として求められる資質と能力

「8つのみちしるべ」より達成目標

②使命感や責任感、教育的愛情等に関する事項

・これまでに学んできたはずの知識（幼稚園教師の役割、保育士に求められる知識・技術）を復習しながら、より自身に定着させる。
・上記知識を保育者として求められる知識・技術として認識する。
・保育現場へ出た後もこれらを身に付けるための努力を重ねることを理解する。

　ここでは保育者として求められる資質と能力としておさえるべき事項を確認します。これまで学校で多くの事項を学んできたことと思います。その中でも特に重要であると考える事項について取りあげていきます。おそらくはこれまでの学習内容の復習にもなることでしょう。ここで繰り返し学ぶことにより、その専門的な知識を自身の中へ定着させていくことを目的とします。なお、以下、幼稚園教師と保育士に区分して述べていきますが、保育者として求められる資質・能力はそのどちらも有する必要があるということをここに強調しておきます。自身がどちらの職を得たとしても、以降に述べる資質・能力を全て満たすべく努力を続けることも保育者として必要な姿勢です。

（１）幼稚園教師の５つの役割

　文部科学省『幼稚園教育要領』において、活動における教師の役割を次のように示しています[i]。

> 　幼児の主体的な活動を促すためには、教師が多様な関わりをもつことが重要であることを踏まえ、教師は、理解者、共同作業者など様々な役割を果たし、幼児の発達に必要な豊かな体験が得られるよう、活動の場面に応じて、適切な指導を行うようにすること。

二重下線は筆者による

　二重下線で示した様々な役割として、「心のよりどころ、憧れを形成するモデル、共同作業者、理解者、援助者」が『幼稚園教育要領解説』においてあげられています[ii]。

　保育者は子どもにとって居場所であり、「こんなふうになりたい」といった憧れであり、一緒に遊んでくれる仲間であり、自分のことをよく理解してくれる大人[1]であり、時に手助けしてくれる人…実にたくさんの役割を担うこととなります。これら一つ一つを同時にかつ丁寧に適切に判断しながら、子どもたちと学び合う姿勢が求められます。しかしながら、その判断は多くの葛藤を伴うものとなるでしょう。少しずつ自身ができることから丁寧に取り組んでいきましょう。その過程で成長していく姿も保育者として求められる資質であるということができます[2]。

＊1　理解者とは、時間の流れと空間の広がりを理解する人のことをいいます。自身と関わる子ども一人一人について、これまでの人生を、いつどこで誰と何をしているのかを理解している人と要約することができます。詳細については、野津直樹・宮川萬寿美（編著）『保育者論：主体性のある保育者を目指して』萌文書林, 2020, p.10を参照してください。

＊2　詳細は、野津直樹・宮川萬寿美（編著）『保育者論：主体性のある保育者を目指して』萌文書林, 2020, pp.10-12において言及しています。

（2）保育士に求められる主要な知識・技術

厚生労働省『保育所保育指針』の保育所の役割で、次のように示されています[iii]。

> 　保育所における保育士は、児童福祉法第18条の４の規定を踏まえ、保育所の役割及び機能が適切に発揮されるように、倫理観に裏付けられた専門的知識、技術及び判断をもって、子どもを保育するとともに、<u>子どもの保護者に対する保育に関する指導</u>を行うものであり、その職責を遂行するための専門性の向上に絶えず努めなければならない。

二重下線は筆者による

　ここで注目すべきは、子どもの保護者へ保育に関する指導を行うということです。多くの学生が新人の保育者として学校を巣立っていくことでしょう。仮に子育ての経験やすでに保育者としての経験があったとしても、学校を巣立った後に在職する園・施設では新人の保育者となります。新人の保育者を保護者は様々な側面[3]から判断します。どのような判断下に置かれたとしても、自身が子どもの最善の利益を保障するために必要であると判断した場合には、保護者へ助言や指導を行う必要性が生じます。

　しかしながら、保護者への助言・指導はそう容易にできるものではありません。学生が今のうちに準備を整えるべくできる唯一の手段として、単純に"（専門的な知識・技術について）勉強しておくこと"があげられます。これまで学校で学んできたことを総復習すべきです[4]。また、本書で学んでいる保育・教職実践演習はまさにその準備段階で必要とされている科目です。襟を正して改めて精一杯勉学に励んでいきましょう。

　さらに『保育所保育指針解説』において、保育士に求められる主要な知識・技術について、以下のように明確にかつ詳細に述べられています[iv]。

> ①これからの社会に求められる資質を踏まえながら、<u>乳幼児期の子どもの発達に関する専門的知識</u>を基に子どもの育ちを見通し、一人一人の子どもの発達を援助する知識及び技術
> ②子どもの発達過程や意欲を踏まえ、<u>子ども自らが生活していく力を細やか</u>

---

*3　新人の保育者の実年齢、子育てや保育の経験等、筆者も若いころ幼稚園に勤め始めた際に、実に様々な判断下に置かれました。「先生は子育ての経験がないのに…」「まだ若いから分からない」といった言葉を頂いたこともあります。それに打ち克つために唯一できることが勉強でした。園内での語り合いはもちろんのこと、県内で行われる研修会に参加したり、園内で独自に研究（これらについては学ぶことのできる環境に恵まれたと今もなお地域や園に感謝しています）も行ってきました。
*4　具体的には、全科目のテキストや自作ノートを見直しておくこと、個人的には保育者論や5領域科目、その指導法についてしっかりと見直しておくべきだと考えています。

に助ける生活援助の知識及び技術

③保育所内外の空間や様々な設備、遊具、素材等の物的環境、自然環境や人的環境を生かし、保育の環境を構成していく知識及び技術

④子どもの経験や興味や関心に応じて、様々な遊びを豊かに展開していくための知識及び技術

⑤子ども同士の関わりや子どもと保護者の関わりなどを見守り、その気持ちに寄り添いながら適宜必要な援助をしていく関係構築の知識及び技術

⑥保護者等への相談、助言に関する知識及び技術

二重下線は筆者による

　二重下線をまとめると、子どもの発達に関する知識・技術、その中で必要な生活援助に関する知識・技術、環境構成に関する知識・技術、子どもの主体性に応じた遊びを展開するための知識・技術、人間関係に関する知識・技術、前述した保護者への助言に関する知識・技術…となります。これらを保育者として求められる資質・能力として、自身で学び直しながら、保育現場へ巣立つ準備をしておく必要があります[5]。

ワーク

保育者の"素敵なところ"をたくさん書いてみましょう

1．皆さんが思い描く保育者（実習先の先生方、子どものころにお世話になった先生方等）の"素敵なところ"を自由にあげてみましょう。

ヒント

・率直に思っていること、何でもOKです。

・5個以上あげると次のワークにスムーズに進むことができます。

・「かっこいい！」「〇〇が上手」等、短い言葉でもOKです。

_____

_____

_____

_____

_____

_____

[5]　具体的には[4]で述べてある通りです。精一杯取り組みましょう。

２．１で皆さんがあげた保育者の"素敵なところ"を、下記様式に分類し
　　てみましょう。

ヒント

・グループ（３名程度）で話し合いながら分類すると、より楽しく取り組
　めると思います。個人ワークでももちろん構いません。
・専門的な知識・技術とは、学校の授業や実習で学んだことです。人間性
　とは、誤解を恐れずに言うと、人生を過ごしていく中で身に付けるこ
　と、あるいは元々もっているものです。
・"素敵なところ"を一つずつ、「これは学校で学んだこと、これから学
　ぶことかも…」「これは元々もっているものかも…」等、丁寧に考えて
　いきながら分類してみましょう。

専門的な知識・技術	人間性

ワークに取り組んだ成果

①左側が学校で取得すべき"専門的な知識・技術"となります。こちらは
　学生が今からでも手に入れることができるものとなります。
②右側がこれまでの人生で身に付けてきた"人間性"となります。こちらも今
　からでもいくらでも手に入れることができるものです。プライベートの時間
　の中で、無意識的にも意識的にも身に付いていくものかもしれません。
③保育者として求められる資質・能力はこれら２つと皆さんの"個性"を
　足したものということができます。
④個性とは自身だけがもっているものです。見つけることは少し難しいかも
　しれませんが、筆者の場合は「ギターをそこそこ弾くことができる」「大
　学教員として幼稚園等に伺っても、なぜか子どもに囲まれてしまう」等を
　個性だと思っています。皆さんはどんな個性を自覚していますか？

4. 保育者のあり様

⑤教科・保育内容等の指導力に関する事項

- "保育とは葛藤するものである"ということをエピソードを通して知る。
- 保育者としての志（こころざし）をもつことが今後の保育者としての人生を歩むうえで大切であることを知る。
- 保育者としての志をワークにて設定し、それを自身の中へ大切にしまっておく。

　保育者とは葛藤する人です。その理由は簡単です。保育を行っていく中では明確な答えがないからです。

　たとえば、ある保育者が子どもと関わっている様子を皆さんが見ていたとします。その様子を「自分が絶対にしない形で子どもと関わっている」と思ったとしても、その保育を見続けていった先に、その関わり方を絶対にしない皆さんが感動してしまうような姿が見られることもあります。子どもと関わっていく中で様々なアプローチを行うことになりますが、明確な間違いはあったとしても、そこには明確な答えは存在しないのです。あらゆるアプローチがどういった結果を生じさせるかは、保育を行ってみないかぎり分からないものなのです。それ故に、保育者は葛藤する、ということになります。

　ここでは、保育者のあり様として"保育とは葛藤するものである"という視点でいくつかエピソードを語っていきます。これらは全て将来の自分、つまり保育者となった自分の身のうえで起こり得る事象です。先行経験とすべく、一つ一つ丁寧に読み解いていってほしいと思っています。

（1）「はんにんはだれだ〜!!」〜幼稚園でのエピソード〜

　ある幼稚園でのエピソードです。ある日のある朝、保育者が畑が荒らされている様子を発見しました。どうやらイノシシやサルの仕業のようです。その畑では

子どもたちと保育者とで一緒になって丁寧にキュウリととうもろこしを育てていました。すぐに園長へ報告し、朝一番で教職員会議となりました。<u>議題は"荒らされた畑をどうすべきか"</u>でした。様々な意見が交わされましたが、最終的に荒らされたままの様子を子どもたちに発見してもらおうという結論にいたりました。その後の子どもたちの行動で、今後どのようにするかを考えていくつもりでいました。

　早速、子どもたちは畑の異変に気付きます。「せんせい、たいへん！とうもろこしが…」「えーん、（食べるのを）たのしみにしていたのに…」「キューリもたいへん！」「はんにんはだれだ〜!!」等の声とともに園内は大騒ぎです。

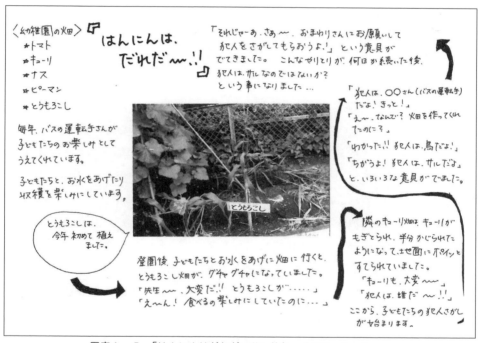

図表1-5　「はんにんはだれだ〜!!」ドキュメンテーション

　ある子どもがふとつぶやきました。「はんにんは…Aさん！」と。Aさんは幼稚園バスの運転手さんです。保育者たちは驚いて「畑を一生懸命世話してくれているのがAさんだよ」と子どもたちに伝え直します。結果、「じゃあ、とりさんかなあ…」「いや、おさるさんだよ」といった声に修正されていきました。

　さらにある子どもがつぶやきました。「おまわりさんに（犯人を）さがしてもらおうよ」と。そのアイデアは保育者も考えていませんでした。そうこうしているうちに、子どもたちが自分たちで警察手帳のようなものや、拳銃や手錠のようなもの（少し物騒ですが…）を廃材で作り始めました。瞬く間に園内で警察ごっこが流行していきました。

　ここでは下線の「議題は"荒らされた畑をどうすべきか"」という部分に注目します。ここで保育者たちは園長を始め、事務職員、運転手まで一緒になって時間の許す範囲で話し合いました。つまりこの部分こそ保育者が葛藤すべきところということになります。子どもたちに荒らされた畑の様子を見せることなく（子どもたちが傷付かないようにという想いで）畑を直しておくこともできました。しかしながら、ここで出した保育者たちの答えは"そのままの状態を子どもたちに見るべきである"ということでした。そのねらいは気付いた子どもたちが主体的にどういった行動を起こそうとするか、そしてその行動についてどう保育者が関わっていくか等であったと推測します。なお、このエピソードの一部始終を描いたドキュメンテーションを図表1-5に紹介してあります。ドキュメンテーションについては第4章4にて述べています。

（2）保育者としての志

　筆者がいつも思っていることの一つに、"保育者としての志をもち続けてほしい"ということがあります。ここで言う"志"とは保育者としての信念のことを意味します。ここで問います。「皆さんの保育者としての志は何ですか？」と。多くの学生、保育者はこれを問われると「子どものために」「保護者のために」といった答えを導き出します。結論から言うとこれでOKです。

　しかしながら、保育者として現場に出たときに「子どものために」「保護者のために」が忘却されてしまう瞬間がいくつもあるということを経験上ここに述べておきます。それは、自身の課題（保育がうまくいかない、保護者との関係が…等）からくる疲れとともに訪れます。これもすなわち保育者としての葛藤です。そして、そのときにひょっとしたら「仕事を（保育者を）辞めてしまいたい」という思いに支配されてしまう結果を呼び込んでしまうかもしれません。このときこそ、思い出してほしいのです。"保育者としての志"を。自分が保育者になりたいと思ったきっかけ──そこには憧れをもつことができる保育者との出会いもあったことでしょう──を思い出しながら、改めて「子どものために」「保護者のために」という志を思い起こしてほしいのです。もちろん、志を最優先させる必要はありません。本当に辛いときには自分自身を守らなければなりませんから。

　志なんて難しいことを…と考えてしまったかもしれません。分かりやすく取り組めるようなワークを用意してあります。そこでも保育者としての志について今一度考えてみてください。

（3）子どもに寄り添った保育とは

　最近、家族と過ごしていて（子ども2人と夫婦の4人家族です）ふと気付いたことがあります。それは「家族同士向き合って話すよりも、同じ方向を見て話すことの方が多いのではないか」ということです。筆者の家族がイレギュラーなのかもしれませんが、いざ向き合って話すことがあるというときは子どもたちの進路のことやお小遣いがほしいとき等、それほど多くない機会であるような気がしました。むしろいつも一緒にいながら話をしているときというのは、同じ方向を向いて話しているということに気付きました。これがきっと心の拠り所である家族の姿としてあるべき姿なのでしょう、と自分に言い聞かせています。

　それからというもの、保育についても同じようなことを思うことが増えてきました。子どもと向き合って話す、それもとても大切なことですが、同じ方向を見ながら話すことをもっと大切にしたいと思うようになりました。これは保育者としての葛藤の一つです。どちらも大切ですが、答えがないことを一生懸命悩みながら子どもたちと関わっているということになります。今思えば、若い頃は幼稚園で事務仕事をしていましたが、宿泊保育時に「ママにあいたい」と泣きながら廊下をウロウロしている子どもに声をかけては、朝礼台（とても丁度よいのです）に2人並んで夜空を見上げながら語り合っていたのを思い出します。向き合って話していたわけではなく、同じ方向を見ながら話していたということになります。このときはその大切さに気付かなかった筆者でしたが、時空を超えてここ最近になってその大切さに思いをはせることができるようになりました。これも葛藤の末の成長であるということができると、これまた自分に言い聞かせています。

保育者としての志を考えてみましょう

1．あなたが「保育者になりたい」と思ったきっかけを思い出してみましょう。

ヒント

・おそらく、入学試験の際に面接で聞かれたことだと思います。

・ここで記入したことが、保育者としての志を考えるうえでの第一歩になります。

・答えを先に言ってしまうようなものですが…「幼稚園（保育所）の先生が好きだった」とか、「子どもがとにかく好きだから」あたりがきっかけとなるかもしれません。もちろん、ほかのことでも構いません。

「保育者になりたい」と思ったきっかけ

2．保育者として現場に立つことができたとき（就職したとき）を想像しな
　がら、「どんな保育者でいたい（ありたい）か」について記入してみま
　しょう。

🐝ヒント

・ワーク1で記入したことがヒントとなるはずです。

・ここに記入できたことが、あなたにとっての"保育者としての志"とな
　ります。これを信念として胸にしまいながら、日々の保育に精一杯取り
　組んでいってほしいと願っています。応援しています！

どんな保育者でいたい（ありたい）か

5. 保育者としての社会性、対人関係能力
～人間関係能力の重要性～

「8つのみちしるべ」より達成目標

③社会性や対人関係能力に関する事項

・自己評価を通して自分の特性を知る。
・これからの保育実践者に必要な人間関係能力について、理解する。

　ここまでの学習を通じ、保育者としてあるいは実習生として保育実践を行う際に、自己評価をすることの重要性が理解できたと思います。自己評価のツールの一つが履修カルテであり、各種のチェックリスト、あるいはルーブリック等です。自分の実践を振り返り、自己評価をして、次に取り組むべき課題を明確にすることを通じて、自分の得意・不得意が分かったり、自分の特性を実感し、ひいては何を大事にし、何をしたいか等を知ることができます。このことを「セルフモニタリングする」といいます。客観的に自分を観ることを通じ、今何を学べばよいのか、どのような経験を積み、どのような力を付けていけばよいのか考えることが、保育者として成長していく過程に必要なことです。

　セルフモニタリングというと、反省やできないこと・次の課題等をあげていくことが多いイメージですが、そうではありません。自分の資質や能力を評価し、できていることに自信をもち、得意なことをさらに伸ばしていく機会にもなります。

　たとえば、保育を実践するときに、大声でなくても響きやすい声を出せることやゆったりと心地よい声が出せることは、もって生まれたよい資質です。そのことを意識して、たくさんの絵本の読み聞かせや弾き歌いに挑戦し、特技にすることができます。また、運動が得意で体がよく動く人は、子どもたちの前に立つ姿勢もよく、立ち居振る舞いのよいモデルになることができるでしょう。鬼ごっこをしてもなかなか捕まらない先生、は魅力的ですね。

　一方、自分のよいところは自分では気が付きにくい場合もあります。そういうときは、仲間や同僚に聞いてみましょう。それが保育をチームで行っているよさでもあります。

　保育の現場では一人で保育を行うことは少なく、誰かと役割分担して協力しな

がら、クラスを運営したり、園の活動をつくったりしています。さて、皆さんは「報連相」という言葉を聞いたことがありますか。「報告」「連絡」「相談」です。仕事をするときには、必須のものです。ここで考えて頂きたいのは、報連相は基本ですが、そこで伝えたり、相談する内容・情報はつまり「もの」ですね。この「もの」を媒介にしながらも、そこにお互いの気持ちの交流や関係性があるはずです。ですから、当たり前と思わないで伝達の際にも「ありがとう」「助かります」「一緒に考えましょう」というように心を通わせてやりとすることが、コミュニケーションにつながります。報連相を超えるコミュニケーションを取れることが大切です。

　さて、人間関係力とでも呼ぶべき、社会性や対人調整能力を培うことが実践力につながります。小原は、保育者の連携や協働に欠かせないチーム保育を実現していくための「人間関係力」に含まれる要素として「共感する力」「感情を効果的にコントロールする力」「グループに貢献する力」「リーダーシップを共有し、他人を助ける力」「利害の対立を御し、解決する力」をあげています[ⅰ]。これらの力は、他の人々と活動することを通じ身に付くもので、体験することを通じ意識的にふるまう中でさらに力となります。ですから、集団活動をたくさん体験し、相手を尊重する態度を養い、様々な関係体験をすることで、実践力を付けましょう。

　また、教育再生実行会議は、2015（平成27）年5月に『これからの時代に求められる資質・能力と、それを培う教育、教師の在り方について（第七次提言）』において「これからの時代を生きる人に必要とされる資質・能力〜求められる人材像〜」を出し、3つの視点を示しました[ⅱ]。

---

①主体的に課題を発見し、解決に導く力、志、リーダーシップ
②創造性、チャレンジ精神、忍耐力、自己肯定感
③感性、思いやり、コミュニケーション能力、多様性を受容する力

---

　①②③の中で、自分として評価できる項目、努力している項目はありますか。ここで示されている③は特に重要な視点といえます。

　最後に、就学前において育みたい資質・能力に関連して、幼児期においても「主体的で対話的な学び」の重要性がいわれています。それは保育者においても同様で、「主体的で対話的に仕事に取り組む保育者」を目指しましょう。幼稚園教諭・保育士ともに、専門的な知識や技術をもとに、実践の中で様々な状況に応じその状況に適した丁寧な対応ができることや、豊かな感性で遊びを展開することが求められているのです。

幼稚園の先生ってこんな人!?

森の里幼稚園 園長 野津裕子

「幼稚園の先生ってどんな人!?」と考えてみると、テキストにも書いてあるような"共同作業者"、つまり子どもと一緒になって遊ぶことができて、それでいて子どもの心ももっている人かなって確かに思います。ですが…園長の私自身（もちろん幼稚園の先生です）がどんな人って考えてみると、正直言って"分かりません"という答えになってしまいます。自分自身のことって、なかなかつかみにくいものですよね。

そんな自分自身を"分からない"私ですが、それでも自信をもっていることがあります。それは子ども一人一人と同じ目線・視点に立つことができる人であるということです。あっ…結果的にどんな人かって少し見えてきましたね（笑）。

私はよく言葉を言い間違えてしまいます。たとえば、エレベーターとエスカレーターはどっちがどっちだか分からなくなることがあります。それを子どもたちの前で（間違って）話してしまうと「ちがうよ、えれべーただよ！」といったありがたい"ツッコミ"を頂くことがあります。私はそれでいいと思うんですよね、幼稚園の先生って。こんな関わりを通じて、子どもたちは「せんせいだってまちがえることがあるんだ」→「じぶんもまちがえたっていいんだ」といったような気持ちが芽生えるきっかけになるんじゃないかなって思うんです。「どうせ、わたしにはできない」とか「だってむずかしいもん」とか口癖のように言う子どももいます。そんな子どもには私みたいな幼稚園の先生がいるってことがうれしい環境になっているのかもしれませんよね（先生は人的環境ということですよね）。

子どもたちの前で完璧な人である必要は絶対にありません。もし幼稚園の先生は完璧な人っていうなら、目の前の子どもたちはいつも緊張してしまって、リラックスできない環境になってしまうでしょう。

もし、これを読んでいる方の中に「幼稚園の先生ってすごい」とか「幼稚園の先生は何でもできる」なんて思っている人がいたら、そんなことないって気付いてくれたと思います。私が幼稚園の先生として勉強不足なだけなのかもしれませんけどね（笑）。

そうそうついでに、一緒に働いている教員とよく語り合うテーマがあります。そのテーマは「人間って、一生勉強だよね」です。幼稚園の先生になってからもさらに勉強し続けていく人、それも幼稚園の先生ってことになりますね。一緒に勉強し続けていきましょうね。

保育所の保育士

小田原短期大学　宮川萬寿美

　筆者は養成校に勤めていますが、ほかにも地域の幼稚園・保育所・認定こども園等に伺って、園内研修・発達相談・保育者への巡回相談などもしています。どこに伺っても保育に携わる保育士の皆さんが、真摯に子どもや保護者に向き合い、細やかな配慮をしながら、しかもてきぱきと働いている姿を「すごい」と感心しています。

　保育所や認定こども園等では、子どもや保護者と関わるだけではなく、掃除をしたり、子どもの記録を書いたり、明日の保育の準備をしたりと、限りなくたくさんの仕事・業務がありますね。仕事があることに気が付いた保育者が、「○○を作りましょうか？」とか「この時間に連絡帳を書いてきますね」と伝え合い、その都度「ありがとうございます」「助かるわ、よろしくね」と言葉をかけ合っています。現場では、報連相を越えたコミュニケーションが大切ですし、保育者同士がお互いに敬意を払って協働して仕事をしていますが、その基本は「人権を尊重する」ということです。園に関わるどの人の人権も尊重されている場であることが、子どもの人権を尊重し、最善の利益を守ることにつながると考えられます。

　また、保育時間が長時間ですので、早番・遅番・土曜保育・休日保育等、ローテーションと呼ばれる勤務形態になります。土日の勤務も遅番もありますので、自分の生活リズムを整え、時間の使い方を工夫して生活する必要があります。しっかり休息し、健康ではつらつと保育に当たることが基本です。そのためよく食べ、よく寝て、よく出し、そしてよく遊ぶことが、仕事になります。もちろん、辛いときには「辛い」「キツイ」と本音を出し、助けてもらうことも重要です。子どもたちが負の感情も含め感情豊かに表現できる土壌は、保育者も感情を豊かに出せる土壌から醸成されます。もちろん大人ですから、素直とわがままは違いますよ。

　さらに、保育所や認定こども園等は、生活の場でもあります。集団の場ですが、家庭で安心して過ごすような雰囲気を大事にしようとすること、配膳する、繕い物をする、片付ける、丁寧な言葉遣いをする、作物を育てる等、保育者が生活の基礎となる豊かな環境の作り手となることも求められます[i]。子どもの日常生活における一つ一つの経験が積みあげられていく背景には、保育者の一つ一つの経験があるのです。

　保育所・認定こども園等で働く保育士は、生活の場を子どもと共にし、一緒に生活を創る人としてあります。体力・気力・努力の人たちですね。

第 2 章

子ども理解と保育実践

　この章では、保育の現場で実践するときに理解しておきたい保育の基礎的な考え方や方法、また子どもを理解するときに有用な考え方や方法を学びます。実践者として保育に臨むにあたって、これまでの学びを基礎とし、改めて保育の質とは何かを考え、保育の計画の重要性を確認しましょう。

　最近、保育現場では同僚の保育者と園内研修や事例検討等、保育の質や子ども理解に関して、一緒に研究する活動が盛んです。この章で取りあげた保育マップやラーニング・ストーリー、エピソード記録等の理論的な背景を理解し、方法を身に付けて、自身が積極的に新しい保育を創造していけるように実践的に学びましょう。

1.保育の実際、保育の質とは
（保育実践するうえで、おさえておきたい保育の質）

「8つのみちしるべ」より達成目標

⑤教科・保育内容等の指導力に関する事項

・保育のグローバルスタンダードを学び、日本における取り扱いを知る。
・これまで学習した知識や技能をもとに、自ら主体性をもって教材研究
　をし、保育の環境を整えるなど、一保育者としてできることを考える。
・保育のあるべき姿を思い浮かべ、具体的な自分自身の保育観・指導イ
　メージをもつ。

（1）OECD等の国際潮流によるECECの質の向上

　保育という言葉の成り立ちは、乳幼児を保護し育てること[*1]からきています。これまで保育という営みは家庭や幼稚園・保育所等でも脈々と行われてきました。それではどうして「保育の質」がここにきてクローズアップされているのでしょうか。そこには国際的な動きが関係しています。

　皆さんはECEC（Early Childhood Education and Care）という言葉をご存知ですか。日本語ではECECを乳幼児期の教育とケアと訳します。OECD[*2]が上梓した『OECD保育の質向上白書』には「乳幼児期の教育とケア（ECEC）は子どもや親、社会全体に恩恵をもたらすことを明らかにした研究が増えている」[*i]と書かれています。

　それらの研究結果を踏まえ、OECD加盟国は2015（平成27）年からOECD Education2030と銘打って新しい教育の形を模索し、乳幼児期の教育とケア（ECEC）の質の向上に努めています。そして日本も加盟国の一員として調査時点から加わり、

＊1　デジタル大辞泉より
＊2　OECDとはOrganisation for Economic Co-operation and Development：経済協力開発機構の略で、ヨーロッパ諸国を中心に日・米を含め38か国の先進国が加盟する国際機関です。近年では経済分野以外に持続可能な開発・ガバナンスといった分野においても諸国間での分析・検討を行っています。

保育の質向上を目指しているのです。

（2）子どもの権利条約と幼稚園教育要領等の改訂

（1）で説明した国際的な潮流ですが、遡れば子どもの権利条約[*3]に行き当たります。そのため、この条約についても知っておく必要があります。

この条約の前に児童権利宣言（1959）があり、その中には「人類は、児童に対し、最善のものを与える義務を負う」という言葉があります。この言葉は子どもの権利条約の「子どもの最善の利益」につながっています。このように子どもの権利条約は、これまでの児童の権利の歴史を踏まえて考えられているわけです。

それでは子どもの権利条約で新しく主張されたのは、どういった部分でしょうか。特筆すべきは、第12条の「意見表明権」です。これまで「子ども」は大人に付属するもので、子どもの一個人としての権利は、あまり考慮されてきませんでした。そこで第12条「意見表明権」では、子どもを権利の「主体」として再定義し、子どもは一個人として尊重されるべき存在であり、自分にまつわるいろいろなことについて意見を主張する権利があるとしました。

2017（平成29）年改訂の小学校の学習指導要領には「主体的・対話的で深い学び」というキーワードがあり、子どもの主体性が大切にされる教育が目指されていることが分かります。OECDの教育改革の根底には子どもの権利条約があり、それが学習指導要領に反映されているのです。

今回、学習指導要領の改訂と同時期に幼稚園教育要領や保育所保育指針等の改訂（改定）がなされました。それは、保育においても小学校への接続を視野に、グローバルスタンダードに合った保育、つまり子どもを主体とした保育へと舵を切ったと考えてよいでしょう。

（3）子育て先進国の保育

「子どもの主体性を大切にした保育」について具体的イメージをもつため、ここでは海外での事例としてイタリアのレッジョ・エミリア・アプローチとニュージーランドのテ・ファリキに基づいた保育を紹介します。

[*3]　子どもの権利条約は1989年に国連採択され、日本は1994年に批准しました。

アメリカ・ミシガンのプレスクールで行われた保育の一場面。レッジョ・エミリア・アプローチを取り入れている園。4歳男児の絵を窓際にかけ、乾かしている。ロール紙を好きな大きさに切り分け、好きな形や色のスタンプを押している。

Art Project in A-Growing-Place Novi Michigan. USA 2003
（筆者提供）

①イタリアのレッジョ・エミリア・アプローチ

　レッジョ・エミリア・アプローチは、1991（平成3）年にニューズウィーク誌で革新的な幼児教育と紹介され、それ以来、世界的に評価を受け実践されています。このアプローチの理念は、子ども一人一人の個性を尊重しながら、想像力とコミュニケーション力を育むことです。アートを軸に子ども自身が自分で感じて表現することが重要視されています。

　華やかな芸術性に優れた手法なのですが、その印象とうらはらに、第二次世界大戦での敗戦から立ちあがったレッジョ・エミリア市民が街づくりを進める中で生まれた教育方法です。ファシズムが台頭した時代の反省から教師主導型の教育ではなく、子どもたちを主体とした保育を行うこと、それがこの教育方法の要となっているのです。

　園には保育者（ペダゴジスタ）以外に、芸術担当者（アトリエリスタ）がおり、子どもの創造性を支援するという体制が整っています。園にはアトリエが用意されており、アートに必要な様々な素材が並べられています。いろいろな色や大きさの石、貝殻、葉や枝などです。子どもは自分のやりたい活動に対して好きな素材を好きなだけ使うことができます。これをグループで行うプロジェクト活動にすることもあります。そしてその経緯をドキュメンテーションにします。これらの手法は、今では世界のあちこちで取り入れられています。

②ニュージーランドのテ・ファリキに基づいた保育

　ニュージーランドという国には、原住民族のマオリの人たちと後から移住してきたイギリス人たちとの軋轢の歴史がありました。その中で両者が共生していくことを謳ったテ・ファリキという学習指導要領ができました。テ・ファリキとは、その中で提唱されている4つの原理と5つの要素を「編み込む」という意味です。

　ニュージーランドでは、就学前教育以降の小学校〜高校まで同じ学習指導要領が使われており、マオリの言葉や手話も就学前教育で触れていきます。

　ここで、ニュージーランドの保育の一例をご紹介しましょう。

朝のおやつの様子。大皿にホットケーキと何種類かの果物が盛られている。自分で好きなものを好きなだけ取って食べるバイキングスタイル。

TADPOLE EARLY CHILDHOOD CENTRE AUCKLAND.NZ 2019（筆者提供）

　おやつの時間では、誰がどれだけ食べたか、あるいは食べなかったか等は記録の対象ではありません。以下のように、一日のうちのほとんどの時間を、子どもたちは自分で選び取った好きなことをして過ごします。

- ・保育室や園庭で何をして遊ぶか自分で決める
- ・園庭で帽子をかぶるか上着を着るかを自分で決める
- ・散歩に行く場所をどこにするか自分たちで話し合って決める
- ・食事の際に座る席は自分で決める
- ・いつ水を飲むのか自分で決める
- ・おやつ・ランチの量や種類を自分で決める

　この園では園児を権利の主体として捉え、園児自身が一日の様々な場面で自己決定（意見表明）できるよう保育が整えられています。この園が特別なのではなく、これはニュージーランドのテ・ファリキに沿った標準的な保育なのです。教師主導の設定保育もありますが、一日のうちで1時間以内と限られています。

テーブル1
保育室：黒板

テーブル2
保育室：ブロック

テーブル3：アクリル板

TADPOLE EARLY CHILDHOOD CENTRE AUCKLAND.NZ 2019（筆者提供）

　日本の保育と比較すると、子どもが自分で決定する場面が非常に多いといえるでしょう。保育室には、いくつかのテーブルが置かれ、保育者が考えたアクティビティが用意されています（写真参照）。しかし、どのテーブルで遊ぶか、それともそこで遊ばずに園庭等で自由に過ごすか、そういったことも全て自分で決めます。

　子どもたちは、好きな場所で好きなことをして過ごしていますが、それらの姿を保育者たちはテ・ファリキに則って分析し、ドキュメンテーションにします。ニュージーランドではラーニング・ストーリーと名付けられています。遊びの中で子どもたちの助け合う姿があったとき、テ・ファリキで示されている保育のねらいのどこの部分が育っているのかという記述をするわけです。

　このような記録を作る時間はノンコンタクトタイムといって保育時間中に子どもから離れて作成します。このように自主性を重んじる教育方法は、小学校以降の学習教育要領が同一であるため、就学後も続きます。

以上、ここでは2つの国の保育を紹介しましたが、共通点は子どもたちの自由度の高さと、子どもたちの活動を自分たちでも振り返られるように記録（ドキュメント）していることではないでしょうか。

（4）子どもを主体とした保育を実践するために

筆者はドイツやオーストラリア、ニュージーランドのプレスクールでの実地研究を行った経験があり、また2歳の息子をアメリカのプレスクールに通わせた経験もあります。それらの経験から、日本の保育のレベルはとても高く、海外の保育にひけを取らないと感じています。特にレベルが高い点としてあげられるのは、きめ細やかさです。

たとえば（3）②で紹介したニュージーランドのおやつですが、誰がどれだけ食べるのかは自由なため、朝おやつを食べすぎた子はランチをほとんど食べなかったりする場面があります。そういったことも含めての自由なのですが、日本においては、受け入れ難い「自由」なのではないかと思います。したがって、自由にみえる海外の保育をそのまま日本に取り入れるのではなく、よい点だけを取り入れていくことが重要です。

日本の保育を海外の保育と比較したとき、習熟していないと感じるのは、子どもたちの自主性、主体性を重んじるという部分です。今後その部分を重点的に再考し、海外のユニークで楽しい、そして子どもが主体となれる保育方法を取り入れていくのが理想ではないでしょうか。

ワーク

（3）で紹介した海外の保育を参考に、日本の保育に取り入れるなら、どういったことができるか、考えてみましょう。

ヒント

朝の会などで歌う歌を選ぶ、折り紙をするときの折り紙の色を選ぶなど、簡単なことでいいので、子ども自身が選ぶ機会を多くもつことが大切です。

2. 育てたい子どもの姿

「8つのみちしるべ」より達成目標

④幼児児童生徒理解や学級経営等に関する事項

・幼稚園教育要領の改訂ポイント等から、新しい目標やねらいを理解する。
・クラス担任になったときを想定し、クラスづくりの方法を知り、子どもたちの成長イメージをもつ。
・子どもの状況に応じて適切な対応をする知識と柔軟性、そしてクラスをまとめる力をもつ。

（1）幼稚園教育要領と園の目標

　教育基本法第1条には、教育は人格の完成を目指し、平和で民主的な国家及び社会の形成者として必要な資質を備えた心身ともに健康な国民の育成を期して行わなければならないと記されています。

　教育基本法は、第二次世界大戦後にできた平和憲法といわれる日本国憲法に基づいてつくられているため、平和というキーワードが書かれています。2章の1で説明したように、日本の教育施策はグローバルスタンダードに合わせて変化していますが、日本独自の「平和」という柱も忘れてはなりません。

　それでは、園ごとに掲げられている目標、つまり「育てたい子どもの姿」は、どのように決められているのか考えてみましょう。

　図表2-1のように、国の掲げる大きな目標である学校教育法の考えをもとに幼稚園教育要領がつくられ、それに沿って園の目標が決められていることがほとんどです。同じく保育所は保育所保育指針に、認定こども園は認定こども園教育・保育要領に則って、園の目標が決められていると考えてよいです。

　しかし実際にHPなどで各園の目標を確認すると、本当に個性豊かな目標が掲げ

教育基本法 ➡ 学校教育法 ➡ 幼稚園教育要領 ➡ 園の教育目標

図表2-1　園の教育目標の成り立ち

られています。保育者は、園の目標に従って保育することを求められますので、就職に際しては、それぞれの園のもつ特徴をしっかりと捉えられる視点をもつこと、そして自分自身の保育観に合うか確認することが大切です。

（2）就学前教育から小学校以降の学びへの連続性

図表 2 - 2 を見て、幼稚園教育と小学校以降の教育の連続性について理解しましょう。

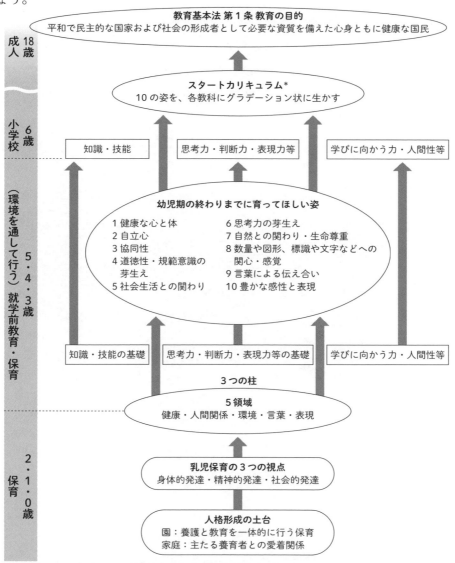

* 幼小接続をスムーズにするため、各教科の合科的・関連的指導や弾力的な時間割を可能としたもの。

保育所保育指針、幼稚園教育要領、学習指導要領をもとに山本陽子作成

図表 2 - 2　就学前教育から小学校以降の学びへの連続性

　各年齢で示された目標や視点を見ていくと、就学前教育から小学校以降へと学びの連続性が意識されてつくられていることが分かるでしょう。

（3）幼稚園教育要領のポイント

　図表2-2で学びの概略イメージを示しましたが、特に幼稚園教育要領改訂（2018年施行）の重要ポイント2点を確認していきましょう。

①資質・能力の3つの柱

　新しくなった幼稚園教育要領には、資質・能力の3つの柱が示されています。「知識・技能の基礎」「思考力・判断力・表現力等の基礎」「学びに向かう力・人間性等」です。保育は環境を通して行うものですから、3つの柱についても同様に考えましょう。以下の図を見てください。

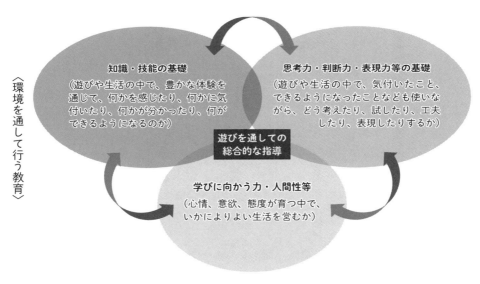

文部科学省「新幼稚園教育要領のポイント」2017, p.9

図表2-3　幼稚園教育要領、資質・能力3つの柱

　図表2-3[*i]のように、幼稚園教育要領が示す資質・能力3つの柱は、それぞれ関連し合っており、その中心に遊びを通しての総合的な指導が示されています。次の事例から具体的なイメージをしてみましょう。

> **事例** **5歳児のお買い物ごっこ**
>
> 　Aさんが、きれいな色の葉っぱをお店に並べています。「いらっしゃいませー」とお友達に声をかけます。Bさんがきれいな葉っぱを見て、「これに入れようよ」と容器を持ってきました。2人は容器に葉っぱを入れました。
> そこにCさんが葉っぱを買いにきました。何かに気付いたCさんは「待ってて」と声をかけると、お部屋にある積み木を取りに行き、すぐに戻ってきました。「これください。ペイペイで」とママの携帯電話くらいの大きさの積み木をつかって支払いをしました。
>
>

〈解説〉

　Aさんがお店屋さんを始めたのは、普段の生活からの知識を生かしたもので、知識・技能の基礎が育っていることが分かります。Bさんのもつ表現力で、お店では商品は容器に入っていると思い提案しました。Cさんは、お買い物では支払いをするよねと気付き、ママのお買い物風景を思い出して真似をしました。携帯電話の代わりになる積み木を探して持ってくるという行動力、意欲が感じられます。このように遊びの中でこの3つの柱が関連し合いながら育っていくわけです。

　ここで、保育者の役割を確認してみましょう。お店屋さんごっこのきっかけとなったきれいな色の葉っぱですが、それは保育者が事前に用意したものです。きれいな色の落ち葉を集め、押し葉にしたうえで、保育室にさりげなく置いておいたのです。このように日々のちょっとした工夫で、子どもたちが生き生きと遊びを豊かにしていく様子があったなら、それこそが保育者の力量なのではないでしょうか。

②幼児期の終わりまでに育ってほしい姿

　次に、改訂の重要ポイントとしてあげられるのは「幼児期の終わりまでに育ってほしい姿」です。図表2-2に示したように10の姿は、3つの柱（3）①と相互に関わり合っていると考えてください。

1.健康な心と体	6.思考力の芽生え
2.自立心	7.自然との関わり・生命尊重
3.協同生	8.数量や図形、標識や文字などへの関心・感覚
4.道徳性・規範意識の芽生え	9.言葉による伝え合い
5.社会生活との関わり	10.豊かな感性と表現

　これらの10の姿が示された目的は、保育者がこれらの力を就学までに育てていくのだというイメージをもって保育するためです。その内容をよくみると、5領域（健康・人間関係・環境・言葉・表現）が細分化されていることに気付きます。10の姿は、5領域と同様にそれぞれが独立して存在するのではなく、保育の中で重なり合って、子どもの発達を支えていく視点なのだと考えてください。また、その視点は小学校以降のスタートカリキュラムで共有されていきます。

　この幼児期の終わりまでに育ってほしい姿には重要な留意点が示されています。それは、これらが到達すべき目標ではないということです。個々の発達に応じて、幼児が発達していく方向を意識して指導を積み重ねることが大切なのです。

（4）クラスの運営

　ここまでは幼稚園教育要領や園の目標について学んできました。（4）では、皆さんがクラスの担任になったときのことを想定してみましょう。もし3歳児クラスの担任を任されたなら、3歳児の発達やその先の成長イメージ、またクラスとしてのまとまりを考えることになります。それをクラス運営といいます。小学校以降では学級経営といいますが、ここではクラス運営と記します。以下に示すいくつかのクラス運営ポイントを見てください。

①一人一人が十分自己を発揮しながら遊べる環境を整える

・一人一人の個性や発達、生活環境、文化的バックグラウンドを知る。
・一人一人の衛生状態や健康に気を付け、園の内外ともに安全に配慮する。
・家庭や地域との連携を取る。

②集団保育で、互いに信頼し育ち合える人間関係を育てる

・クラスの中における子どもたちの人間関係を知る。

・子ども同士の関わりに保育者が仲介したり、子どもの気持ちを代弁したりする。

・運動会などの行事を通して、クラスの仲間意識を醸成する。

③幼児の理解に努め、心身の望ましい成長を願って適切な援助の手を差し伸べる。

・一人一人の興味・関心を知り、それを伸ばしたり、広げたりする。

・一人でいる時間を大切にするとともに、友達と関わる楽しさを伝える。

・一人一人についてねらいや目標を立て、達成できるよう支援する。

　4月の入園や進級で少し不安定になる子もいる中、毎日を楽しく過ごすことで、少しずつ気の合う友達を見つけたり、仲間意識が芽生えたりするでしょう。そのようなクラスのまとまりは、担任の助力あってこそ生まれるのです。また保護者とのコミュニケーションもクラス運営の一つです。きめ細やかに、クラス便りや連絡帳などを使って子どもの様子やクラスの様子を伝えていきましょう。

（5）保育現場における報告・連絡・相談

　近年では幼稚園においても一人でクラスを担当する形式ばかりではなく、副担

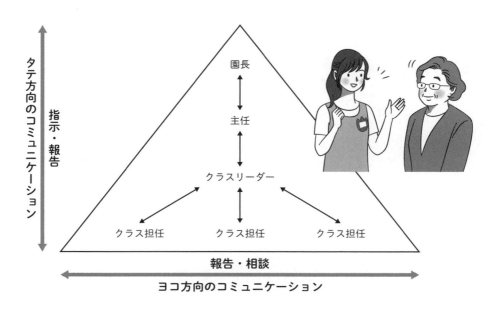

図表2-4　コミュニケーションイメージ

任が就くことがあります。それだけでなく主任や園長も一緒に保育を考えていくこともあります。それをチーム保育といいます[1]。チーム保育では一人の責任が軽減される一方、気を付けるべきことも出てきます。報告・連絡・相談などの協力体制が非常に重要で、特に（4）で示したクラス運営ポイントについて、しっかりと認識を共有していきましょう。

　幼稚園教育要領や園の方針をもとに、クラス担任として「育てたい子どもの姿」を思い浮かべながら、子どもたちをまとめ、クラス運営していくというながれをつかむことはできたでしょうか。難しいように感じるかもしれないですが、自分のクラスを自分で運営していくという面白さや達成感は、フリーの保育者では味わえないものです。

ワーク

　もし皆さんが3歳児クラスの担任を任されたなら、クラス独自の目標を立てる際、どんな目標を立てますか？ 考えてみましょう。

ヒント

　幼稚園教育要領、保育所保育指針の「ねらい及び内容」を参考にしましょう。

＊1 詳細は第4章1を参照してください。

3．保育の計画と評価

「8つのみちしるべ」より達成目標

④幼児児童生徒理解や学級経営等に関する事項

・保育において計画と評価がなぜ重要であるのか改めて確認する。
・指導計画に必要な要素が分かり、ねらいや子どもの実態を踏まえた計画を立てることができる。

⑥子どもやその家庭の理解、職員間の連携、関係機関との連携

・保育の計画・評価においては「子ども理解」が基礎となることを確認する。
・保育の計画・評価のプロセスにおける教職員間の連携・情報共有の重要性を理解する。

（1）保育の基本と計画・評価

①遊びを中心とする

　幼児期の教育の基本は子どもの自発的な活動である遊びを中心として行われることです。子どもは、遊びの中で、思考をめぐらし、想像力を発揮し、心身全体を使います。また友達と共有したり、協力したり、時には思いをぶつけ合ったりします。そうして、達成感・充実感、満足感、挫折感、葛藤などを味わいながら成長していきます*i。

　しかし、遊びを中心とするということは、ただ自由にしておけばよいということではありません。保育者は、一人一人の子どもの発達を見通し、必要な体験を積み重ねていくことができるようにする必要があります。どのようにすれば一人一人の遊びが充実したものになるのか考えなければならないのです。そのために作成するのが保育の「計画」です。

②環境を通して行う

　　幼児期は、生活の中で自分の興味や欲求に基づいた直接的・具体的な体験を通して、必要なことが培われる時期です[ii]。生活の中で身近な環境からの刺激を受け止め、自分から興味をもって環境に関わり、充実感や満足感を味わう体験が大切と考えられています。そのため、この時期にどのような環境で生活し、その環境にどのように関わるかが特に重要です。それが、将来にわたる発達や人間としての生き方に影響を与えるのです。子どもの発達を見通し、ふさわしい環境を計画的に用意する必要があります。

　　しかし、環境を通して行う保育・教育は、遊具や用具、素材だけを配置して終わりではありません。たとえば、砂場があっても、ただそこにあるだけでは子どもが興味を示さないこともあります。その場合、保育者が砂場に誘い、一緒に山を作ったり、穴を掘ったりすることで、砂に興味をもち始めることができます。そして、楽しさや面白さを感じ、もっと砂で遊んでみたいと思ったとき、カップやお皿があれば、砂を入れてみたくなり、保育者や友達との会話からイメージを膨らませ、ごちそう作りが始まったりするかもしれません。

　　子どもは保育者がいることで安心して取り組み、様々なことに興味をもつことができます。保育者は環境の一部であるとともに、子どもと環境をつなぐ大事な役割を果たしているのです。

③子どもの主体性を大切にする

　　ただし、子どもが気付いたり、発見したり、工夫したりするはずのことを保育者が先回りして教えたり、押し付けたりしないよう注意を払う必要があります。環境を通して行う保育では、子どもの主体性が何よりも大切になります。子どもの関わりたいという意欲から出発し、子ども自身が考え、試行錯誤することで、より深い環境との相互関係が成り立つからです。

　　保育者は、子どもの発達や興味・関心を踏まえて、子どもの「やってみたい」という思いを引きだし、じっくり取り組めるよう時間を確保し、より遊びが発展・充実するように活動を計画していきます。

（2）指導計画作成の基礎

　　指導計画には、年間指導計画、月案など長期の指導計画と、週案や日案など短期の指導計画があります。長期の指導計画は、園の全体的な計画を具体的に実践していくための計画です。園の保育理念や目標を踏まえて、年度初めの4月から

年度の終わる３月までそれぞれの時期に何をねらいとし（どのような子どもの姿を期待し）、どのような経験をするのか具体化していきます。それを、さらに目の前の子どもの様子に合わせて作成するのが短期の指導計画です。

　指導計画は、保育の「ねらい」「内容」「時間」「環境構成」「保育者の援助・配慮」等を主な要素とします。

　指導計画における「ねらい」とは、子どもに育みたい資質・能力を子どもの生活する姿として示すものです。たとえば、言語能力を考えてみましょう。要領・指針では、３歳以上児の「言葉」の領域のねらいとして、「自分の気持ちを言葉で表現する楽しさを味わう」「人の言葉や話などをよく聞き、自分の経験したことや考えたことを話し、伝え合う喜びを味わう」ことが示されています。ねらいは子どもを主語とし、子どもの姿として表されていることが分かります。「ねらい」は、目に見える知識や技能を習得させる到達目標ではなく、子どもたちの自然に出てくる心情・意欲・態度が中心となります（図表2-5）。

例）
△ 泥団子を作れるようになる
△ 折り紙を折ることができる

○ 砂の特性に気付き、遊びに取り入れようとする
○ 楽しみながら指先を使い、製作に集中して取り組む

心情：喜びを味わう、楽しむ、親しむ、感じる、気持ちを高める
意欲：〜しようとする、工夫する、試す、関心をもつ
態度：大切にする、気付く、見通しをもつ、やりとげる、考える

図表2-5　育みたい心情・意欲・態度として示すねらいの例

　実習や模擬保育では、具体的な活動からねらいを考えることもあります。実際の子どもの実態を踏まえて計画を作成することが難しい場合、一般的な子どもの発達や、文献等にある事例を想定して計画を作成します。

　「内容」は、ねらいを達成するために子どもが経験する事項です。幼稚園教育要領、幼保連携型認定こども園教育・保育要領では「指導する事項」となっていますが、それは子どもに言い聞かせてやらせること、といった意味ではありません。保育所保育指針に示されているように、保育者の援助のもとで子ども自身が環境に関わって経験する事項と捉えられています。先ほどと同様に「言葉」の領域でみると、「自分の気持ちを言葉で表現する楽しさを味わう」というねらいを達成するために、子どもが経験するとよい事柄にはどんなことがあるでしょう。要領・指針では、

関連する内容として「先生や友達の言葉や話に興味や関心をもち、親しみをもって聞いたり、話したりする」ということがあげられています。

　ただし、この領域ごとのねらい・内容は、それぞれを取りだして指導したり、評価したりするものではないことに注意が必要です。指導計画では、5領域のねらい・内容がバランスよく育まれるよう、園の全体的な計画も踏まえ、子どもの実態に即した活動や生活を総合的に考えていきます。

　「環境構成」は、ねらいを達成するために必要な、保育の内容に応じた人・もの・場所・空間等の計画です。子どもたちが興味・関心をもち、自らやってみようと思う意欲を引きだす環境を工夫します。環境構成は保育の展開の中で柔軟に変更（再構成）できるように考えておくことも重要です。

　「保育者の援助・配慮」は、展開されるであろう子どもの動きを予想し、ねらいを達成するために必要な保育者の動きや関わり、配慮すべき事柄を記載しておきます。あらかじめ子どもの多様な動きをできるだけ予想しておくことが大切です。特に子どもの安全への配慮は意識しておきましょう。さらに、クラスに複数の教職員がいる場合には役割分担や配置の確認、保育のねらいや方針、子どもの様子などの情報共有を十分に行うようにすることが大切です。

ワーク

　p.56にある11月の週案を読み、5日間で作る「作品展に向けた製作」の案を考えてみましょう。

手順①

　何を製作しますか？月や週のねらいを踏まえ、さらに保育者の願いをもちながら考えてみましょう。

・製作タイトル「　　　　　　　　　　　　　　　　　　　　　　　」

・製作内容

・この製作内容にした理由

_____

_____

_____

_____

_____

_____

_____

_____

_____

_____

_____

手順②

　主に主活動の時間を想定し、表の「子どもの活動」に、子どもたちが製作にどのように取り組むのか動きを書いてみましょう。

　　例）うさぎグループの子どもは大きな模造紙に手形を付ける。

ヒント

　製作のプロセスをいくつかの工程に分けてみましょう。それを5日間で行うイメージです。工程は、製作の手順、製作に取り組む人数（個人、何人かずつ、クラス全体）などを考慮してみましょう。

手順③

　表に子どもの活動に対応した「環境構成」「保育者の援助」を記入しましょう。

手順④

　作成した計画を見直してみましょう。

□製作内容と保育者の援助は、月や週のねらいを踏まえたものとなっていますか？

□製作内容と保育者の援助は、先月までの子どもの様子を踏まえたものになっていますか？

□環境構成は、子どもの活動にふさわしいものになっていますか？

□安全面に配慮した環境構成になっていますか？

A幼稚園　5歳児うさぎ組20名　11月第2週の週案

【先月までの子どもの様子】
・気の合う友達と好きな遊びをしたり、参加したい子どもが集まって転がしドッジボール遊びを楽しんでいる。
・ルールについて友達とぶつかったとき、自分の思いを伝えようと強い言葉を使う様子が見られる。
・園庭や近くの公園でどんぐりや松ぼっくり、赤や黄色の落ち葉を集めてうれしそうに保育室や家に持ち帰ったりしている。
・博物館での活動から恐竜に興味をもち、図鑑を見たり、ブロックで表現したりする姿が見られる。

【11月のねらい】
◆季節の変化を感じながら、おもいっきり体を動かして遊ぶ。
◆目的に向かって友達と協力したり、工夫したりしながら遊ぶ。
◆様々な素材や用具を使って表現することを楽しむ。

【11月の行事】
・11月7日（月）避難訓練
・11月26日（土）・27日（日）作品展

【第2週のねらい】
・落ち葉の様子や風の冷たさなど秋の深まりを感じる。
・ルールを守ったり、工夫したりすることで楽しく遊べることに気付く。
・みんなで協力して製作する楽しさを味わう。

【内容】
・体を動かして遊び、寒いときは自分で衣服を調節したりする。
・ドッジボールや鬼ごっこなどルールのある遊びを楽しむ。
・作品展に向けて、みんなでアイディアを出し合い、1つのものを協力して作る。

日付	11／7（月）	11／8（火）	11／9（水）	11／10（木）	11／11（金）
子どもの活動					
環境構成					
保育者の援助					

（3）行事と計画

　行事は、「生活の流れに変化や潤いを与える」ものであり、いつもとは異なる体験をすることができます。行事があることで、活動の意欲を高めたり、子ども同士の交流を広げ、深めたりすることにつながります。また、子どもが思わぬ力を発揮したり、遊びや生活に新しい展開が生まれたりすることもあります*[iii]。

　しかし、行事を過度に取り入れたり、できばえや結果を求め過ぎれば、行事に子どもの生活をむりやり合わせることとなり、子どもの負担になったり、園での生活の楽しさが失われることにもなりかねません。行事は、子どもの発達や自然な生活の流れを踏まえ、適切なものに精選することが大切とされています。

　園の行事というと、どのようなことが思い浮かぶでしょうか。行事と一口にいっても様々なものがあります（図表2-6）。

行事の種類	具体的な行事の例
儀式的行事	入園式、卒園式など
文化的行事	園内：生活発表会、お遊戯会、作品展示、お店屋さんごっこ、季節の行事など 園外：音楽・演劇鑑賞会、美術館・博物館見学会、地域の伝統文化等の鑑賞会など
健康安全・体育的行事	健康診断や食に関する行事、避難訓練や交通安全、防犯教室等の安全に関する行事、運動会などの体育的な行事など
遠足・宿泊体験行事	遠足、野外活動、集団宿泊活動など
その他	お誕生会、小学校や福祉施設との交流活動、保護者の保育参加など

図表2-6　行事の種類

　一つ一つの行事が子どもにとってどのような意味をもつのか、どのような教育的な価値があるのかを考え、指導計画を作成することが重要です。子どもたちの生活の自然な流れに沿いながら、どんな経験となればよいのか、何を育てたいのかを検討します。

　行事の中には、子どもたちの日々の積み重ねや準備が必要であるものや、地域や家庭との連携が必要であるもの、季節を考慮しなければならないものもあります。たとえば、生活発表会に向けてみんなで大型製作をしたいと考えても、すぐにできるものではありません。それは、子どもたちが興味をもったテーマについて、ハサミやのり、様々な道具や素材を使いながら作りたいものを表現できるようになっていくという日々の積み重ねの延長線上でできることです。

　「お芋ほり」のような行事では、育てるところから行うこともありますが、その場合、時季を考慮しなければならないことはもちろん、地域の方に畑を貸して頂いたり、日常の手入れをお願いしたりすることが必要になることもあります。こ

のような行事は、年間指導計画など長期の指導計画に位置付けておく必要があります。節分、雛祭り、七夕などの季節の行事も、当日に何かを行うというだけでなく、2～3週間前から遊びや生活の中で触れていき、過ぎた後は余韻を楽しんだりします。

　また、異年齢の活動も取り入れやすいのが特徴です。行事の特徴を生かして計画を考えます。行事を行う際には、行事当日の日案やその時間の詳細な計画（行事計画案）を別に作成することもよくあります。

誕生会の計画を立ててみましょう

　誕生会とはどのような行事でしょうか。生まれた日を祝ってもらうことは、自分が愛されている、大切にされていることを感じることができる機会です。また、周りの人から成長を喜んでもらうことで、自分が大きくなることへの期待をもつことができます。そして、友達と祝い合い、喜びを共にすることで、友達との関わりも深まります。

　誕生会の行い方は園によって異なりますが、月に一度、誕生会を行う日を設定し、その月に誕生日を迎える子どもたちを祝うことが多いようです。学年ごと、クラスごとに行う場合もあれば、全園児が一緒に行うこともあります。これは園の規模（園児数、保育者数）にも拠ります。誕生会の内容も様々です。保育者が、パネルシアターやペープサート、劇、大型絵本、手品など、特別な出し物を行うことも一般的です。子どもたちが一緒に歌やゲームやダンスを楽しむこともあります。年齢や時期によっては、子どもたち自身が会の進行役をしたり、出し物をすることも考えられます。

　以下の手順で、幼稚園3歳児クラス（20名）において5月に行う誕生会の計画を立ててみましょう。

手順① ▶

　先月までの子どもの様子を踏まえて誕生会の日のねらい・内容を考えてみましょう。

手順② ▶

　30分程度を想定して誕生会のプログラム（進行）を考えましょう。

手順③ ▶

　必要な環境構成や保育者の援助・配慮、役割分担★を考え、誕生会の時間の部分的な指導計画案を完成させましょう。

　★（例）T1：司会（○○）、T2：パネルシアター（○○）*

*T1、T2の説明は第4章1を参照してください。

幼稚園3歳児クラス（20名）において5月に行う誕生会の計画

〔先月までの子どもの姿〕	〔5月のねらい〕
○登園してから何をしたらよいかが分かり、自分でしようとする姿が見られるようになっている。中には友達に教えてあげる子もいる。 ○保育者に親しみ、好きな遊びに誘う姿が見られる一方で、何をしたらよいのか迷い、保育者に促されるのを待っている子もいる。 ○園庭の花や草木に興味をもち、何の花かな、葉っぱが伸びてきたね、など種類や変化に気付いて親しんでいる様子が見られる。	○生活の仕方や流れが分かり、必要なことを自分からやろうとする ○自分の好きな遊びを見つけじっくり取り組む楽しさを味わう。 ○春の自然に触れながら、戸外遊びを楽しむ。

5月の誕生会（3歳児）　計画

実施予定日 　　　月　　　日（　　） 　　　時〜　　　時	役割分担：
ねらい	内容

時間・環境構成	予想される子どもの姿	保育者の援助・配慮
	・自分の椅子を持って集まる	・座る場所を示す

（4）保育の改善と評価

　保育者は子どもの実態や、子どもを取り巻く状況変化に即して、常に保育を見直し、改善を図らなければなりません。

　それは保育中にも行われます。保育者は指導計画に基づいて保育を行っていきますが、活動を展開しながら、子どもの様子を見て、常に環境が適切なものとなるように柔軟に変更を加えたり、豊かな体験となるように援助したりします。

　子どもの活動が保育者の予想もしなかった方向に向かうことはよくあります。保育者は計画通りに活動を進めることにとらわれず、子どもの感動や気付き、発想を大切にして、素材や道具を追加したり、ルールを変えたり、時間を多くかけたりと、臨機応変に環境をつくり直し、子どもにとって有意義な体験となるように援助します。それを環境の「再構成」といいます。環境の再構成を行うためには、保育のねらいを意識し、理解している必要があります。

　また事後に落ち着いて振り返り、記録を取るなど、じっくりと検討して次の保育につなげていくことも必要です。それが保育の「評価」のプロセスです。保育者は、自身の保育実践を振り返り、自己評価を行うことを通して専門性の向上や保育実践の改善に努めることが義務付けられています[iv]。

　保育を振り返り、評価する際の視点には、次のようなものがあります（図表2-7）[v]。

- 安全の管理や健康状態への配慮などは、十分に行えていたか（保育中に気になったことはないか）
- 一日の流れや子どもの遊び・生活の連続性に配慮した保育となっていたか
- 指導計画において設定した保育のねらいや内容は、子どもたちの実情に即していたか
- 環境構成は適切であったか（空間の確保、物の位置・配置・数・扱いの複雑さの程度、時間の調整など）
- 保育士等の関わり方は、適切であったか（援助、言葉のかけ方、行動、タイミング、職員間の連携など）
- 状況に応じて、柔軟な対応や保育の展開ができていたか
  （計画作成時の予想と実際のずれ、子どもの発想・気づき・思いの捉え方や受け止め方など）

厚生労働省「保育所における自己評価ガイドライン（2020年改訂版）」2020 ,p.15

図表2-7　日々の保育と一体的に行う振り返りの視点（例）

　模擬保育を行う際にも、この保育の振り返りの視点をもちましょう。そして、自己評価を職員間で共有するなど組織的な自己評価につなげていき、それを継続的に行うことで、園全体で保育の質の向上を図ります。

　こうした振り返り・評価においては、保育の記録が重要な役割を果たしています。記録し、言語化する行為そのものにより、保育を客観的に振り返り、教職員間での情報共有が可能になります。そして、次の指導計画を作成する際に、記録の中から子どもの育ちつつある姿を踏まえたり、今ある計画を修正したりすることができます。

　保育の記録には、代表的な様式として図表2-8[vi]のようなものがあります。様式には一長一短があるため、目指す保育や改善したい課題に応じて選びます。無

様式	特徴
保育マップ型記録	（＋）保育環境に位置づけて、遊びや人間関係を記述する。空間を俯瞰的に捉え、同時多発的に起こる遊びを記録できる。
	（－）時間経過に伴う遊びの変化や人間関係の変化などは記録しづらい。
個人名簿型記録	（＋）個々の姿を記録するため、遊びを通した経験や育ちを捉えやすく、保育者と子ども一人ひとりとのかかわりも見やすい。
	（－）年齢を経て友だち関係が深まると記述が難しくなる。
週日案型記録	（＋）その日の計画と対応させて保育を振り返るため、1週間の流れの中で子どもの姿を捉えやすい。
	（－）記述スペースが限られるため、活動の記録中心になりやすい。エピソード記入欄を別に設けて補う方法もある。
日誌型記録	（＋）1日の保育の流れに沿って記録するため、その日の活動を振り返りやすい。
	（－）事実の羅列になりやすいため、子どもの経験の読み取りを意識して記述する必要がある。

河邉貴子「「驚き」や「喜び」を記録し、子どもの育ちを読み取って次の援助につなげる」『これからの幼児教育』ベネッセ教育総合研究所,2019,p.3

図表2-8　保育記録の主な様式の特徴

理のない範囲で複数の記録を組み合わせることも可能です。たとえば、行事や特別な活動の際には日誌型記録、日々の保育では週日案型記録というように使い分けていくこともあります。

近年は写真付き記録やドキュメンテーションといった手法も普及してきています。ドキュメンテーションは、イタリアのレッジョ・エミリア市で実践されているプロジェクト型保育への注目とともに、日本でも用いられるようになってきた記録の方法です。レッジョ・エミリアにおけるドキュメンテーションは、プロジェクト活動の結果や完成した作品を記録して表すだけでなく、むしろそこに至るプロセスを可視化したものです。子どもの言動を写真、録音、メモ、ビデオなどによって記録し、その中から保育者自身がプロセスが分かるよう選択し、構成した記録です。写真付き記録の効果として、子ども理解につながることに加え、子ども自身が活動を振り返ることや、他の子どもに遊びが波及すること、保護者同士、保護者・保育者、保育者間で対話が生まれることなどがあげられます。

そして記録を通して深めることができるのが「子ども理解」です。保育の計画だけでなく評価において「子ども理解」は最も基礎となるものです。子どもの姿を把握することによって保育の適切さを把握し、改善に生かすことができるのです。子どもがどのような姿を見せていたか、どのように変容しているか、そのような姿が生みだされてきた状況はどのようなものであったかなどの視点から保育（指導）の過程を振り返ります。記録は、大変で難しいという印象があるかもしれませんが、大切なのは、そのままでははっきりと意識されたり記憶に残ったりすることが難しい、ふとした気付きや考えを簡単にでも書き留めておくことです。日々の保育とその記録の積み重ねを経た一定期間の記録により、その間に見られた子どもの変化や、一人一人の個性・よさなどの「その子らしさ」を捉えることができます。記録を用いながら子ども理解を深めることは、いわば評価の基礎となるデータベースをつくるプロセスといえます。

その際、幼児（子ども）一人一人のよさや可能性、特徴的な姿や伸びつつあるものなどを把握し、子ども理解を深め、次の援助や指導につなげます。しかし、一人の保育者だけで判断した姿は、その子どもの一面に過ぎない可能性があります。偏った理解になることを避けるため、記録、評価の際は他の保育者と議論して、いろいろな角度からの見方を踏まえるようにすることが必要です。

4.ラーニング・ストーリーによる子ども理解の深まり

　ここでは、子ども理解の方法の一つである、「ラーニング・ストーリー」について学びます。ラーニング・ストーリーでは、子どもが興味を示している物事との関わりに着目しながら、子ども一人一人の成長のストーリーを記録していきます。子どもに潜んでいる能力や可能性を信頼し、子どもの視点に立っての記録を積み重ねていくことが、子どもの成長のストーリーとなり、一人一人の子どもの成長を多面的・継時的に捉えていくことができるようになります。

「8つのみちしるべ」より達成目標

④幼児児童生徒理解や学級経営等に関する事項

・子どもを学びの主体者として位置付ける子ども観をベースにした、子ども理解の理論や方法についての知識を深める。

・子どもの様子を観察し、記録していく、「ラーニング・ストーリー」の考え方・書き方を学び、子ども理解を深めていくうえでのポイントを習得する。

・子どもを「何かができる、できない」という尺度で評価するのではなく、子どもの視点（「何かに興味をもっている、夢中になっている」など）に立ちながら、子どもの成長を支援していけるようになる。

（1）子ども理解における「子ども期」の捉え方

　保育者には、子どもが表現していること、言葉で表現はしていなくても訴えようとしていることなど、子どもの様子を多面的に観察し、子どもの心情を理解したうえで、子どもの成長を支援していくことが求められます。

　ここでの「子ども理解」とは、何を意味するでしょうか。これまで皆さんも子どもたちと向き合う際に、子どもの様子を観察して、その場面で子どもが何を考え、行動しているのか理解したい、と努めてきたことでしょう。そして、実習時のエピソード記録を通して、子ども理解を深めることを実践してきました。エピソード記録では、一日の保育の中で、皆さんの注意を引いた、心に残った、または、

驚いたり感心したりした子どもの日常の姿を記録し、子どもの行動から読み取れる心情などについて考察してきました。

　子どもを理解するうえで礎となるのが「子ども観」です。皆さんにとって子どもはどのような存在でしょうか。「幼い」「可愛い」「未熟だ」「何も知らない」などが最初に思い浮かぶキーワードかもしれません。

　子ども観とは、大人が子どもに対して無意識に抱いているイメージのことを意味します。人間の一生は、出生から、乳児期、幼児期、児童期、青少年期、成人期、そして高齢期へと進んでいきます。人間の発達段階からみた子どもの時期、すなわち「子ども期」をどのように捉えるかにより、子ども観は、次の2つに大別できます[i]。

　1つ目は、大人への「準備期としての子ども」観です。「準備期としての子ども」観に立つと、保育・幼児教育では、子どもに「未来への準備、学校への準備」のための教育を施し、知識や技術を習得することが重視されます。ここでは、子どもの状態を「○○ができる、できない」という尺度で判断・評価するため、保育者は子どもたちができないこと、遅れがちなことを「できるようにさせる、教え込む」ことに重点を置きがちになります。

　2つ目は、「一人の市民」として子ども期を捉える子ども観です。ここでは、子ども期は、大人になるための準備期間ではなく、「それ自体が重要な意味を持つ人生の最初の段階」と位置付けられます。この考え方では、大人は、子どもに常に何かを教える、授ける、指示するという一方向の立場には立ちません。むしろ、子どもが一人の人間として、市民として、自らの考えを有し、表現することも可能な存在であることを尊重していきます。

　子どもを一人の市民として捉えると、大人である保育者が子どもに接する際には、「子どもはどんなに幼くても、主体的にモノやヒト、事柄と関わる一個の人格として認められなければならない」として子どもの人格が尊重されます。そして、「子どもの人格や表現を大切にする文化」を通して、「学びの主体としての子どもの能力や資質についての理解が深まっていく」[ii]ことになります。

　このように、「子ども期そのものに意味がある」と捉えると、発達課題に照らし合わせて、子どもの能力を「できる、できない」「理解が早い、遅い」などの物差しで測ることはしません。むしろ、子ども期は、「できないこと」に挑戦し、試行錯誤を通して「できるようになる」体験を積み重ねながら心身ともに成長していく貴重な時期であると捉えます。なぜなら、「できないこと」「苦手なこと」に挑んでいくことは、子どもが成長していくうえでの財産になるからです。

（2）子ども理解の方法としてのラーニング・ストーリー

①ラーニング・ストーリーとは何か

　（2）では、子ども理解の方法の一つである、ラーニング・ストーリーの起源や特徴について検討していきましょう。

　1990年代半ばに、ニュージーランドの教育省は、「テ・ファリキ」（Te Whāriki）という名称の革新的な幼児教育のカリキュラムを導入しました。そこでは、保育者としての経験も有する、「ワイカト大学（Waikato University）」のマーガレット・カー（Carr, Margaret）を中心として、ラーニング・ストーリーと呼ばれる「観察と記録による子ども理解の方法」が開発されました。

　その特徴は、子どもは学びの主体者であり、自らも考え行動することができるという子ども観に依拠している点にあります。ラーニング・ストーリーでは、「子ども自身が持っている学ぶ力と可能性への信頼を基盤としています」。したがって、「子どもの『できないこと』や『マイナス面』に着目するのではなく、『興味を持っていること』『夢中になっていること』『チャレンジしていること』『気持ちを表現していること』『役割を果たしていること』などに着目して、子どもの『こうしたい』という思いを見いだし、その可能性を伸ばしていこうとする観察と記録の方法なのです」[iii]。

②ラーニング・ストーリーの活かし方

　ラーニング・ストーリーとして積み重ねてきた記録が子どもの気付きに活かされた例をみていきましょう。子どもたちが逆上がりで遊んでいる場面を想定してください。年中のクラスでは、逆上がりがブームになっていて、自由遊びの時間になると、子どもたちは鉄棒目指して走っていきます。4歳児のAさんは、一番低い鉄棒でも保育者の補助や板がないと自力で逆上がりをすることができず、不安そうに「先生！」と助けを求めてきます。クラスの友達の大半は、すでに、より高い鉄棒に挑戦するようになっています。3歳児でも低い鉄棒であればうまく早く回れる子どももいて、Aさんは、身長も高い方なのに「できない自分」に焦ったり、戸惑ったりしている様子が伝わってきます。年長児の中で最も鉄棒が得意なBさんたちも、Aさんに「頑張れー、あと少し」と声をかけています。

　この場面で、「○歳児であればこの高さの逆上がりができるはず」という先入観からAさんを評価しようとすると、Aさんは「できない子ども」ということになり、皆に追い付つけるようにすることが保育者の支援の目的となります。

　そのとき、子どもたちの様子を見ていた年長児の担任の先生が、クラスで逆上

がりが最も得意なBさんのラーニング・ストーリーをAさんやBさんに見せてくれました。そこには、Bさん自身も先生の援助なしでは逆上がりができなかった段階から幾度も挑戦しているうちに、ある日突然、宙に舞うかのようにスッとあがれた様子、その後の上達ぶりなどが、文章や画像で記されていました。Bさんはそれを見て恥ずかしそうにしていました。Aさんは憧れのBさんでもできないときがあったのだと知り、できないことを恥ずかしがらず、頑張り続けました。そして、ある晴れた日、Aさんは、板も保育者の援助もなしに、ふんわりと身体を蹴りあげ、上手に逆上がりをし、そこから得意の前回りを披露することができました。地面を蹴るタイミングと足腰の使い方のコツを身体で理解できた瞬間だったのでしょう。その後のAさんの上達の速さはご想像の通りです。

　Aさんの担任の保育者は、苦手だった逆上がりを諦めずに挑戦し続けて自力でコツをつかんだAさんの根気や集中力に感心し、その様子をラーニング・ストーリーの一つとして記録しておきました。「自分一人では、やっぱりできない」と諦めかけていたAさんは、Bさんのラーニング・ストーリーから「諦めなければ、僕もできるようになる」というメッセージを受け取ることができたのです。

「うーんうーん、どうして足があがらないんだろう？」　　「わあー、高い、高い！気持ちいいなあ」

③子どもに潜在する能力の高さ

　ラーニング・ストーリーでは、子どもの目線に立って、子ども一人一人が主人公の成長と学びの様子を文章や画像で記録していきます。そして、その一つ一つのストーリーが、子どもの成長と学びのヒストリーとして積み重ねられていくのです。

　AさんやBさんの例のように、「新しい何かができるようになる」タイミングは、子どもによって異なります。タイミングやコツをつかむのに時間を要したり、最初の飲み込みが遅めでも、その後の伸びが早く、みるみる上達する場合もあります。

　さらに、逆上がりは得意でもコマ回しは苦手、手先は器用でないけれど運動能力は秀でているなど、子どもの個性や得手不得手は一人一人異なります。したがってラーニング・ストーリーでは、子どもが何かに興味をもち、集中したり、何かに一生懸命挑んだりしながら、そこで何を学んでいくのかに着目していくのです。

　幼児期は、新しい知識や技術を習得しながら、できなかったことができるようになる、貴重な時期です。米国の経済学者ヘックマン（Heckman, J.）は、幼児期に「非認知能力」（non-cognitive skills）を育むことが、将来的に、学歴や収入などにも肯定的な影響を及ぼしうることを40年にもわたる追跡調査を通して検証しました。そのうえで、非認知能力を育むことが、教育・経済格差問題の解決の一助になると唱えています。「非認知能力」とは、「肉体的・精神的健康や、根気強さ、注意深さ、意欲、自信といった社会的・情動的な性質など」を意味する概念です[iv]。非認知能力は、「読み・書き・計算」の能力のように、偏差値や学力テストなどで点数化できる「認知能力」とは異なり、点数や指標などで測ったり、評価したりすることはできません。OECD（Organisation for Economic Co-operation and Development：経済協力開発機構）は、非認知能力のことを「社会情緒的スキル（social emotional skills）」と称し、スキルを以下の3つの領域に大別しています[v]。

> ・「**長期的目標の達成**」…「目標に向かって集中して取り組み、最後までやりきる力で、自己抑制や注意の集中、忍耐力、そして意欲、自己効力感など」が含まれます。
> ・「**他者との協働**」…協調性や共感、社会的スキルが含まれる領域で、友だちを助けるといった向社会的行動も含まれます。
> ・「**感情を管理する能力**」…ストレスや困難に遭遇したときに自分の感情を適度に落ち着けたり、相手に伝わるように表現したりする力です。

　このような力は、子どもが興味のあることに集中したり、できないことに挑んだり、先生や友達との交流などを通して自然と育まれていくものです。

　日本でも幼児期に非認知能力を育むことが重視されるようになっています。2017（平成29）年に改訂（改定）された、幼稚園教育要項、保育所保育指針、および幼保連携型認定こども園教育・保育要領には、幼稚園修了までに育つことが期待される10の項目があげられています。項目の中には、「『友達と関わる中で、互いの思いや考えなどを共有し、共通の目的の実現に向けて、考えたり、工夫したり、協力したりし、充実感をもってやり遂げるようになる』といった共同性や『諦めずにやり遂げることで達成感を味わい、自信をもって行動するようになる』と

いった自立心など、非認知的な能力を目指す文言」が明示されています[vi]。非認知能力、すなわち子どもの「あと伸びする力」を育むためには、「大人に愛されて無条件に受け入れられるという経験を赤ちゃん時代から得ること」や「子どもの興味・関心、意欲などを大事にするあそび」などの重要性が唱えられています[vii]。なお、認知能力と非認知能力は相反する能力ではありません。むしろ、「認知能力が非認知能力と伴うことによって、質の高いものになっていくという相互補助の関係にある」と考えられています[viii]。

　皆さんも、子どもたちがそれぞれの興味に即して、何かにチャレンジしたり、自分の力で頑張ってみる経験ができるように援助していきましょう。その結果、子どもは何かができたときの喜びや達成感を味わうことができ、そのことが将来的には、忍耐力、意欲、自己効力感などの非認知能力の向上にも結び付いていくことでしょう。

　ここまで検討してきたように、保育者は、子どもの行動のある一場面のみを切り取って、「できる、できない」「遅い、早い」という尺度で子どもを評価し、レッテルを貼るのではなく、ある時点での子どもの「頑張ろう、できるようになりたい」という気持ちを尊重しつつ適切な援助をすることが大切です。

　Aさんは、うまくいかなくても、逆上がりへの挑戦を諦めてはいませんでした。諦めるどころか、むしろ挑みたい気持ちがあるからこそ、何度も挑戦するし、それでもできないから悲しくなるのです。

　このように、子どもたちの世界は、未知なることに挑戦し、習得していく経験を積み重ねながら、どんどん広がっていくのです。

（3）ラーニング・ストーリーが依拠する発達理論

　ラーニング・ストーリーは、「社会文化的発達理論」の考えに依拠した実践です。
　社会文化的発達理論とは、バーバラ・ロゴフ（Rogoff, B.）が提唱した理論です。そこでは、乳幼児も生まれ育つ地域で生活する一員として、その社会において価値づけられた活動（社会文化活動）に「参加」しながら発達していくと考えます。「社会文化的発達理論」に立つと、保育者の役割は、「学習者の現時点での発達水準を見極め、それを潜在的に到達可能な水準に引き上げるべく、（保育者や教師からの援助を含む）他者との協同による学習の機会をつくること」にあります[ix]。

　社会文化的発達理論に基づく代表的な子どもの発達理論が、ロシアのヴィゴツキー（Vigotsky, L.）により提唱された、「発達の最近接領域（zone of proximal development、ZPD）」理論です。「発達の最近接領域」では、「子どもが1人で解決

できることには限界があるけれども、大人からの援助や子ども同士での援助があることで、子どもは現在わかっていることやできることよりも少し上の水準の課題を解決できる」と考えられています。ここでの領域とは、「子どもが１人でできる水準」と「大人からの援助や子ども同士の援助によってできる水準」の間にある距離のことを意味しています＊ˣ。この考え方に基づくと、保育者は、子どもの個人差や個人内差（手先は器用だが、全身の筋肉を使うような遊びは苦手など）に応じて、「現に発達しつつある過程をも考慮」した働きかけができるようになります。そして、「発達の個人差を知る、つまり、子どもの一人ひとりの発達水準を見きわめる」目安として、「模倣ができるか否か」や、保育者の「蓄積された経験」（どの子どもにどの程度の具体性をもったことば掛けや働きかけをしたらよいか経験で知っていること）が指摘されています＊ˣⁱ 。

・『子どもが１人でできる水準』
・『大人からの援助や子ども同士の援助によってできる水準』　　　距離

図表 2 - 9　発達の最近接領域

　この理論をもとに、米国の心理学者、ブルーナー（Bruner,J.）は、「足場かけ（scaffolding）」という考えを唱えました。「足場かけ」とは、「教師やより上の水準にある仲間が、課題解決に興味をもたせたり解決方法のモデルを示したりすることで、学習者がはじめは１人でできなかったことを、他者からの援助を受ければできるようにし、その後、少しずつ援助を減じていくことで、最後は１人でできるようにすること」＊ˣⁱⁱを意味しています。

（４）ラーニング・ストーリーにおける５つの視点とストーリー例

①着目する５つの視点

　ラーニング・ストーリーでは、子どもの学びの機会を捉える視点として、次の５つがあげられています＊ˣⁱⁱⁱ 。

> a.「何かに興味を持っている」…「子どもが、話題や活動、モノに関心を
>   示している場面です」
> b.「夢中になっている」…「子どもが、話題や活動、取り組みに熱中して、
>   集中力を持続させている場面です。自分の置かれた環境や周りの人々に
>   安心感や心地良さを抱きながら、継続して取り組んでいる状態です」

c. 「チャレンジしている」…「子どもが難しいことや、わからないことに対してしても諦めないで取り組んでいる時や、困難なことがあっても乗り越えようとしている場面です」

d. 「気持ちを表現している」…「子どもが気持ちを表現している場面です。ことばによる表現に限らず、絵や製作物、歌、仕草、文字、数字などのさまざまな方法によってその子の思いがよく表れている状態です」

e. 「自分の役割を果たしている」…「子どもが、友だちや保育者、家族とともに何かをしている場面です。誰かの声掛けに応答したり、一緒になって活動に取り組んだり、他の子の手助けをしたりするなど、仲間やクラス、園や家族の中で、自分の役割を果たしている時です」

　この5つの視点を踏まえたうえで、子どもがある場面において何を学んでいるのかについて、3つ目の視点「チャレンジしている」を例に考えてみましょう。

　たとえば、瓶の中に入っているビー玉で遊びたくて蓋を一心不乱に開けようとしている3歳位の子どもがいたとします。必死に取り組んでいますが、反対方向に蓋を回しているので蓋は固くなる一方です。このようなとき、周囲の大人は手助けをしてあげたくなりがちですが、そのまま子どもの様子を観察し続けたとします。すると、子どもは遂に蓋が逆方向にも動くことに気付き、蓋を自分で開き、ビー玉がコロコロと子どもの足元に転がってきました。自分で初めて開けることができた蓋から転がったビー玉を手にしたときの子どもの驚きと喜びは想像に難くありません。このように、子ども期に、「できなかったことができるようになる」という経験を積み重ねることにより、諦めずに頑張ることの意味や達成感・自尊心などを養っていくことができるのです。

「ビー玉と遊びたいなあ！」

「コロコロ、キラキラ、ビー玉きれいだわ！」

②視点別のストーリー例と振り返り

　皆さんも「子どもが学びを深める機会」は、保育者の「子ども理解を深める好機」と受け止めて、まずは子どもの様子を見守っていきましょう。以下では、先輩方が実習体験（1年次2月に体験した「保育実習Ⅰ」）をもとにして記した「ストーリー例」と「ストーリーの振り返り」（それまでの経緯、考察、今後への活かし方）を視点ごとにみていきます。

1）「何かに興味をもっている」

> **ストーリー例** 「ぼくの遊び方」保育所　0歳児　室内での自由遊びの時間
>
> 　室内での自由遊びの時間に、子どもたちは電車の玩具をつなげて遊んでいた。その中で、Aさんは私のエプロンに様々な種類の電車をたくさん積むと、「あー」と言って玩具を指さし、両手でそれらを崩す遊びをしていた。私がAさんに「電車つなげてみよう」と言い、見本を見せると、Aさんは「イヤヤ」と言った。そこで、Aさんが積み上げた電車を崩すタイミングに合わせて、私が「ガシャーン」と言うと、Aさんは両手を叩き、楽しそうな表情をしていた。Aさんはこの遊びを繰り返し楽しんでいた。

▶ ストーリーの振り返り

〈経緯〉他の子が個々で遊んでいるあいだも、Aさんは、保育者の近くで遊ぶ姿が多く見られていた。

〈考察〉このころの子どもは、周囲の人やものに興味を示し、また自分の意見や欲求を身振りなどで伝えようとする時期である。Aさんの指さしの行動は、自分の感情を表現し、相手に伝えるための行動であることに気付いた。

〈今後への活かし方〉子どもの発した喃語に対して、表情や仕草から自分なりに気持ちを理解し、言葉で言い表すことができるよう努めたいと思った。また、子どもは大人の言葉とともに表情もよく見ていて、表情から伝わるものもあるため、子どもと関わる際には表情も大切にしようと思った。

2）「夢中になっている」

> **ストーリー例** 「一生懸命に折るおにぎり」保育所　４歳児　折り紙製作の時間
>
> 　　部分実習での折り紙製作の時間、みんなでおにぎりを折っていた。そんな中、Ａさんがうまく折れずにいた。その様子を見て、Ａさんの折り紙の該当箇所を指差しながら、子どもたち全体に説明したことを改めて繰り返した。Ａさんは説明を聞いた後、実際に試してみるもののなかなかうまくいかず、悔しそうな顔をしていた。そのとき折ってあげたいという気持ちになったが、子ども自身の力で折ってほしいと思ったため、声かけ以外のことはしなかった。その代わりに同じテーブルにいたすでに折ることのできているＢさんとＣさんに、「Ａさんにどうやって折ったのか見せてくれるかな？」と言い、子ども同士で助け合えるような言葉がけを行った。するとＢさんとＣさんは喜んでＡさんに折り方を教え、ＡさんもℬさんとＣさんの教えを聞き、無事に折ることができた。

ストーリーの振り返り

〈経緯〉Ａさんは普段の遊びにおいて、できないことがあっても最後まで諦めずに取り組む姿が見られる。以前もブロック遊びをしている際、ブロック同士を組み合わせることができなかったのだが、諦めずに何度も繰り返し、結果、組み合わせることができていた。

〈考察〉Ａさんが折り紙を折れず苦戦しながらも一生懸命に取り組んでいる様子は、この時期の子どもの特徴である「負けず嫌い」な一面が現れているように感じた。またℬさんとＣさんに折り方を教えてもらい、それを聞きながら折る姿は、子ども同士の関わりが多くなってきた4歳児だからこそできたことなのではないかと考えた。最後まで諦めずに取り組む力があるため、すぐに保育者が教えてしまうのではなく、Ａさん自身が考えて取り組むことができる環境をつくることができたらと考える。

〈今後への活かし方〉子ども同士で教え合うことにより、関わるきっかけづくりとなることも分かったため、今後の活動でも子ども同士が関われるような活動を考えていきたい。

3）「チャレンジしている」

ストーリー例　「いろいろな工夫」保育所　5歳児　自由遊びの時間

　　Aさんはボルダリングの遊具で遊んでいる。ボルダリングには難易度があり、一番難しいものに挑戦している。一番難しいボルダリングはまだ片手で数えられるくらいの人数しか登りきれていない。Aさんは何度も挑戦しているが、上まで登りきることができない。そこでAさんは登ることをやめて、遊具を遠くから眺めたり、友達を呼んで、アドバイスをもらったりして、自分なりに工夫をしていた。

ストーリーの振り返り

〈経緯〉Aさんは頑張り屋さんであり、今まではただひたすらに一人で登りきろうと頑張っていた。

〈考察〉しかし今回は、遊具から離れてボルダリングを眺めることで、足や手をどのように使えばいいのか、自分の目で確かめて、考えて挑戦しようとするようになった。また友達のアドバイスを受け入れることで、自分では気付けなかった登り方などが発見できるようになったのではないか。負けず嫌いだからこそ、いろいろな方法を試して、登りきろうと挑戦しているのではないだろうか。

〈今後への活かし方〉うまくいかないことに子どもが工夫を凝らしている場面に遭遇したら、まずは子ども自身で解決できるように見守ったうえで、必要に応じて声をかけていきたい。

4）「気持ちを表現している」

ストーリー例　「フォークじゃなくてスプーン！」保育所　1歳児（満2歳）昼食の時間

　　そばで見守りながら子どもたちを援助していると、Aさんは、ご飯が一番好きな様子だったため、ご飯を口に運ぶ前のタイミングでフォークにもやしときゅうりの和え物をのせて口に運ぼうとした。すると、フォークを指さしながら違うというような素振りを見せた。私は食べるのが嫌なんだと思い、「おいしそうなきゅうりだね」「野菜も食べようね」など声をかけた後、もう一度フォークを口に運んだ。するとまたフォークを指さし、今度は全身で怒っている。その様子からフォークが嫌なのかと

思い、「スプーンで食べたいの？」と聞いてスプーンにのせて口に運ぶと、大きな口を開けて一口で食べてくれた。その後、食べた野菜の味を消すかのように、みそ汁を口に運んでいた。

▶ ストーリーの振り返り

〈経緯〉Aさんは意思がハッキリとしているようで、以前は昼食時に友達とよく座る席でけんかしている姿があったとうかがった。最近では、そのテーブルに座るために早めに支度をするようになったようだ。また、野菜が苦手なAさんは、一人で食べると野菜を全て残してしまうことも担任にうかがっていた。

〈考察〉この時期の子どもたちは、自我の拡大により自己主張がよりいっそう強くなり、自分の考えを有して行動するようになってきているのだと考える。好き嫌いについても、自我の拡大により表れてくることが考えられる。また、自分の感情を言葉にして伝えるのが難しい一方で、伝えたいという気持ちは有している。したがって、自分の欲求が伝わったことで、野菜を食べることを受け入れてくれたのだと考察する。

〈今後への活かし方〉子どもが意見を主張したり表現したときに、子どもの気持ちを想像しながら聞く姿勢をもつようにしていきたい。どうしたいのか、どうしたかったのかを聞き、それを段々と自分の言葉で説明できるように「○○はこうしたかったのね」など、子どもが抱いた感情を決めつけずに正しく代弁していくようにしたい。

5）「自分の役割を果たしている」

ストーリー例　「来年は小学生」保育所 5歳児　自由遊びの時間

　自由遊びの時間に、AさんはBさんと2人でボール遊びをしていた。
　Aさんのところに別のボールが転がってきたので拾って渡しているうちに、元々持っていたボールを3歳児のCさんが持っていってしまった。BさんはボールをCさんから奪い取り、Cさんは泣きだしてしまいそうな顔をして、しょんぼりしていた。それを見ていたAさんはBさんに、「おれたちもうすぐ小学生になるし、お兄ちゃんなんだから、ボールくらい貸してあげようぜ。違う遊びしよう」と声をかけ、Bさんは「そうだな」と言い、ボールをCさんに返した。

✎ ストーリーの振り返り

〈経緯〉これまでにＡさんやＢさんが年少だったときに、５歳児の子どもが同じようなことをしてくれたことがあったのではないかとも考えられる。

〈考察〉Ｂさんがボールを奪い取ったのは、先にボールを使っていたのに取られたから嫌だったのではないかと考える。しかしＡさんは、もうすぐ小学生になるという自覚を強くもっていたから自分がよければいいという考えはやめて年下の子には優しくして、譲るという選択をしたのではないか。

〈今後への活かし方〉今後、もしこのようなことが保育者の目に届く範囲内で起こった場合、すぐに保育者が駆け付けて問題を解決するというよりは、子ども同士で何が悪かったのか、どうすれば解決するのかを考えることが大切であろう。自分たちで考えても解決しなさそうなのであれば、保育者がアドバイスしたり間に入ったりしていきたい。

（５）ラーニング・ストーリーの書き方

①記録時のポイント

　ここまで、子どもの学びを見守る５つの視点について具体例を含めて学んできました。以下では、ラーニング・ストーリーの一場面を書いていくうえでのポイントを学んだうえで、事例を検討していきましょう。記録するうえでのポイントとして、以下があげられています*xiv。

---

a. ５つの視点を「頭に入れて」、対象となる子どもの視点に立って、子どもが真剣に何かに取り組んでいるところを観察します。

b. 「子どもたちの行動の意味や成長のつながり」を見出すために、対象となる子どもを一定期間継続して記録することが大事です。ただし、記録は毎日詳細に取る必要はありません。

c. 記録した行動について、「どんな学びや、成長が展開しているか」という点から振り返り、行動にどのような意味があるかを記していきます。

d. 記録をもとにして、「次はどうするか」を書きます。ここには、「自分として心に留めておきたいことや、その子との関わり方、具体的にしてみたいことなど」が含まれます。

e. 記録には写真を付けると、分かりやすくなります。写真を撮ったり記録に付けたりすることが難しい場合は、簡単なスケッチでも結構です。

準備は整いましたか？メモ帳とデジタルカメラを手に、子どもたちと向き合って
みましょう！

②ラーニング・ストーリーの執筆例

　p.78の図表2-10を見てください。2歳児クラスの2人の子どもたちが自分たち
で仲直りをした場面に着目したラーニング・ストーリー例です。この事例では、
5つ目の視点、「自分の役割を果たしている」に該当するストーリーと保育者（実
習生）の振り返りが描かれています。

　まず、ストーリーにユニークなタイトルを付けます。対象となる子どものクラス、
日付、場面などを記載します。次に、子どもの行動にあてはまる視点を選び、□
内にチェックを入れてください。複数の視点が該当することもあります。

　ラーニング・ストーリーには、子どもの様子や周囲の人びとのやりとりなどを
詳しく記録します。その場面のイラストや画像も取り入れるとより効果的です。
時には、子どもが描いた絵や作品の画像を貼り付けることもあります。

　次に、ラーニング・ストーリーを通して、子どもの様子を振り返っていきます。
「①これまでの経緯」では、主人公として選んだ子どものこれまでの様子を振り返り、
今回の行動が起きる前の状況や行動にいたった背景を記載します。そして、「②考
察」では、ストーリーの中で子どもが学んだこと、ストーリーの展開から保育者
として気付いたこと、学んだことなどを考察します。そのうえで、「③今後への活
かし方」には、ストーリーの振り返りを踏まえて、保育者として今後どのような
保育を展開していきたいかについて書きましょう。ここには対象の子どもにどの
ような保育をしていきたいか、または、クラスの子どもを含めての今後の接し方
について記載しても結構です。

タイトル	子ども同士の仲直り
対象児のクラス・名前	2歳児クラス・2名
日時・場所	（ 20○△ ）年（ 2 ）月（ △ ）日・園庭
場面	自由遊びの時間
観察・記録者名	小田原　梅子

□ 何かに興味を
もっている

✓ 自分の役割を
果たしている

□ 夢中になって
いる

　もうすぐ3歳児クラスになる2歳児さん2名が仲良く泥遊びをしていたが、1人が上から泥を落としたことでもう1人の服、靴、顔が泥まみれになってしまった。保育者もそばにおらず、緊迫した空気に、とっさに割って入ろうと思ったが見守ることにした。
　すると、泥を落とした子どもは、わざとではなかったが相手に嫌なことを自分がきっかけでしてしまったことに気が付き、「泥飛ばしてごめんね」と言い、相手も「いいよ」と言ってまた何事もなく遊んでいるのをみた。

□ 気持ちを表現
している

□ チャレンジ
している

① これまでの経緯	② 考察	③ 今後への活かし方
実習中に幾度となく子どもたちのぶつかり合いをみてきた。その中で友達との仲直りの葛藤や保育者と約束を守ることは、自分の役割を果たし、責任を取ることだと感じた。	これこそ自分の行いや行為を振り返り、悪いことを認め表現し、お互いに受け入れることができている例だと考えた。	私たち保育者（大人）は子どもたちが傷付かないように、守ったり、代弁しすぎてしまうことがある。その結果、子どもたちの成長を時には妨げてしまうことに目を向け、注意を払っていきたい。

図表2-10　ラーニング・ストーリーの執筆例

③　オリジナルのストーリーを書いてみよう

「子ども同士の仲直り」では、子ども同士で問題を解決するにいたった場面が描かれています。保育者（実習生）は、2人の間でいざこざが起こるかもしれないと予測し、「割って入ろうと思ったが、見守ることにした」とあります。その結果、泥でお友達を汚してしまった子どもは自分が悪かったことに気付き、謝るという行為にいたっています。保育者は子どもたち同士で物事を解決することができることに感心し、見守ることから生じうる子ども同士の学びに気が付いていきます。

ワーク

　ワーク1として、皆さん独自のラーニング・ストーリーをp.79の図表に書いてみましょう。これまでの実習や保育現場での体験を振り返ってもいいですし、子どもの様子を思い浮かべながら、子どもの学びが「このように発展するかもしれない」「こういう場面に出会ったら、このように対応してみたい」と想定してのストーリーを書いて頂いても大丈夫です。

ヒント

1．5つの視点のうち、あてはまる視点にチェックを入れてください（複数選択可）。
2．文章とともに、可能であれば、画像を貼り付けたり、イラストを描いたりしてください。紙面が足りないときは、枠を増やしてください。
3．①の「これまでの経緯」には、子どもの家庭での様子が含まれることもあります。実習中の出来事ですと、子どもの様子を短期間しか観察することができません。したがって、こちらは可能な範囲で書いてください。

タイトル	
対象児のクラス・名前	
日時・場所	（　　　）年（　　　）月（　　　）日
場面	
観察・記録者名	

☐ 何かに興味を
もっている

☐ 自分の役割を
果たしている

☐ 夢中になって
いる

☐ 気持ちを表現
している

☐ チャレンジ
している

① これまでの経緯	② 考察	③ 今後への活かし方

（6）ラーニング・ストーリーの発展性

　ラーニング・ストーリーの書き方も理解したところで、その発展性について考えていきます。ラーニング・ストーリーは、子ども一人一人の学びや成長の場面の記録を継続的に残していきます。したがって、同じ5つの視点からみた記録でも、次のような変化、すなわち子どもの学びのプロセスが見出せることでしょう。

①視点の変化にみる子どもの学び

　成長とともに、該当する視点が変化していくことがあります。たとえば、年少児には「何かに興味をもっている」や「チャレンジしている」などの項目が多かったものの、成長とともに、「自分の役割を果たしている」場面が多くみられるようになったりもします。

　ここには、鉄棒が得意なBさんのケースのように、年少・年中のころは試行錯誤しつつチャレンジしていたことが、今では得意技になり、年下の子どもたちに教えてあげたりしている、すなわち「自分の役割を果たしている」という項目への変化が見受けられます。そして、そのような項目が増えていくところにも子どもの学びが示唆されています。AさんもBさんをお手本として、周囲の応援を受け止めながら、一つのことに集中して頑張り抜くことができました。Aさんと鉄棒に関するストーリーも今後変化していくことでしょう。

　さらに、一つのストーリーの中に、5つの視点が重複することもあります。保育者や友達からの声かけや周囲の人々との関わりを通して、子どもの気持ちや様子が刻々と変化していく、すなわち視点が変化していく場合もあり得ます。

②ラーニング・ストーリを介した子ども理解（保育者として、そして成長した子どもとして）

　以上、ここまで学んできたように、ラーニング・ストーリーを用いると、文章や画像（イラスト）により、子どもの継時的な成長を可視化することができるため、ある一面のみで子どもの姿を判断せず、重層的に捉えていくことが可能となるのです。そしてラーニング・ストーリーを積み重ねていくことにより、子どもの学びのプロセスを保育者や保護者が共に振り返り、分かち合うことができるのです。園によっては、卒園の際に、保護者に子どもそれぞれのラーニング・ストーリーをお渡しすることもあります。子どもが成長して自らのストーリーを振り返った際に、自分だけのストーリーは、子ども期に多くのことに集中・挑戦しながら成長してきたかを物語る学びのヒストリーとなることでしょう。

　子どもたちは遊びを通して多くのことを学ぶことができる、可能性に溢れた発達段階にいます。皆さんも子ども一人一人の成長や学びのプロセスを観察・記録、そして考察することを繰り返しながら、子どもの可能性を引きだせる保育者を目指していきましょう。その際に、ラーニング・ストーリーは、子ども理解を深めるうえでの道標の一つとなることでしょう。ストーリーに対する考察には正解はありません。子どもの行動に対する考え方・見方は、保育者によって異なることがあります。一つのストーリーを保育者同士で紐解きながら、子どもの見方・関わり方を他者から学ぶことで、自らの子ども観を振り返りつつ、子ども理解が深まっていきます。皆さんも子どもの観察を通して、「子どもってすごいなあ、頑張っているなあ、こんな能力があるんだな」などの発見や感動をストーリーとともに積み重ね、保育者としての学びを深めていってください。

5．子どもと遊び、保育マップの活用

「8つのみちしるべ」より達成目標

④幼児児童生徒理解や学級経営等に関する事項

・子どもの遊びを捉える観察のポイントを学ぶ。
・保育マップ作成を通して、子どもの遊びを俯瞰的に捉える力を付ける。

（1）子どもと遊び

　皆さんは子どものころ、どのような遊びが好きでしたか。幼稚園や保育所ではどのような遊びをしていたでしょうか。園庭の砂場で大きな山を作ったり、作った山にトンネルを掘り、その中を水が流れるか確かめたり…。園庭に咲いている花を摘んで色水を作ったり、友達を誘い合って鬼ごっこをしたり、ブロックや積み木で友達と大きなお城を作ったり、憧れの誰かになりきってごっこ遊びをした人もいるかもしれません。では、その遊びをしているとき、どのようなことが面白かったですか。子どもは遊びを通していろいろなことを発見しています。時にはそれが、大人にとっては不思議に思う行動に映ることもあります。

①子どもの遊びを肯定的に見る

　ある学生が実習に行ったとき、幼稚園で見かけた子どもの不思議な姿について、こんなことを話してくれました。「5歳児クラスで室内遊びを見ていたとき、ある女の子が自分の持っていたティッシュに水性マーカーで色を塗り始めました。その結果、ピンク、黄色、水色とカラフルなティッシュがたくさんできました。その後、どうするのかと思いながら様子を見ていると、ティッシュをビニール袋に入れ、その中に水道の水を入れたのです。女の子は、隣で見ていた私に、『このティッシュが水に濡れたらきれいな色水になるよ』と教えてくれました」というエピソードでした。大人から見ると、「マーカーは紙に絵を描くもの」「ティッシュは汚れを拭きとるもの」等、ついその使い方を教えたくなってしまいそうな場面ですが、実はこうした子どもの行動は知的好奇心の表れです。子どもは、「マーカーを染み込ませたティッシュを水につけたら色水ができるかどうか？」と実験しているのです。こうした遊びを通して子どもが考え、実践し、試行錯誤しながら発見していくことが、子どもが主体的に遊ぶということなのではないかと思います。だからこそ、大人は大人の視点で子どもの遊びを見るだけでなく、まずは子どもと同じ目線になり、子どもの眺めている世界を知り、子どもの行動を面白がることで、目の前にいるその子がその遊びの何に夢中になっているかを知ることが大切です。そこから見えてきたことを参考にしながら、子どもが今、何に興味・関心をもっているかというポイントを見極め、その遊びがもっと豊かなものになるよう、環境を構成していくことが求められます。

②子どもが感じている遊びの面白さを考える

　子どもは新しいものや珍しいものに敏感なので、よい環境があればもちろん喜んで遊び始めるでしょう。しかし、その新しい環境を子どもが使いこなせない場合、すぐに飽きてしまい、興味は他の遊びへと移ってしまいます。つまり、よい環境をただそこに置いておくだけでは遊びは経験値の中でしか広がっていかないのです。子どもが楽しんでいることをよく観察し、必要に応じて環境を加えたり、取り除くことで、今、子どもたちができること、夢中になっていることの少し先の提案をしていくことが大切です。子どもは遊びを通してものの扱い方を知り、実際に手に取って遊びながら友達と共有し、新しい遊びを創りだしていきます。こうした経験の積み重ねが子どもたちが遊びを通して学ぶことへとつながっていくのです。また、こうして編みだされた遊びの行動だけを捉えて表面的に見ると、「みんなで仲良く鬼ごっこをして楽しそう」「積み木で仲良く大きなお城を作っている」としか見えてきません。しかし、子どもの行動の意味を考えながらその遊びを見

ていると、たとえば鬼ごっこをしている中に新しいルールが追加されて新しい遊びが生まれていたり、積み木で作るお城もどこを入口にするか子ども同士で話し合っていたりと、遊びを通して様々なことを調整しながら友達と協力をして活動する姿が見られます。また、このように遊具や道具、ルールなどを使った分かりやすい遊びもあれば、よく観察していると子どもたちが自然現象から創りだしている面白い遊びもあります。

③子どもの声に耳を傾ける

　ある園で子どもの遊びを観察していたとき、井戸のポンプを押しながら出てくる水を手で受け、多くの子どもが水遊びを楽しんでいました。すると、井戸のある山の下の方で、年長組の男の子たちが「すごい。水がこっちまで来てる！」と叫ぶ声が聞こえました。声のする方を見ると、山の上の井戸から出てきた水が、斜面を伝い、細く長く、下の方まで流れ、葉っぱに当たり、遊具の下まで流れていました。本当にわずかな水の量なので、遠くから見ると子どもが下を向いている様子しか分からず、何をしているかまったく分からない状況だったのですが、子どもの声に耳を傾け、視線のその先を見ると、そこには新しい世界が広がっていました。さらにその遊具の中にいた子どもが、「先生！葉っぱから雨が降ってる！」と言いました。私も一緒になってその下に入ってみると、どうやら井戸水が上から流れてきたとき、近くにあった葉っぱを伝い、水が地面に落ちてきたようでした。子どもの表現の豊かさに感動するとともに、こうした小さなつぶやきや発見に耳を傾け、子どもが楽しんでいる世界を子どもの視点で見ることの大切さを実感しました。

④子どもが遊びを通して学んでいることを知る

　子どもの遊びを大きな視点で見ているときと、その遊びの中にじっくり入って見るときでは、見える世界が変わります。こうした遊びを保育者がどのように捉えるかによって、子どもへの声かけや翌日の保育環境づくりは変わります。つまり、今、目の前にいる子どもがその遊びの何に面白さを感じているのかを捉え、子どもたちが次にどのようなことをしたくなるかと考えながら、子どもでは思い付かないような少し先の環境を用意していくことが保育者に求められているのです。そして、その保育者の環境の準備が、子どもの遊びを豊かなものにしていきます。

　子どもは遊びを通してものの使い方を覚えたり、使う用具の仕組みを知っていきます。そしてそれが自分の手で使いこなせるようになると、今度は友達を誘い、互いのイメージを伝え合い、共有しながら協同的な遊びへと発展していきます。

こうした子どもの遊びの中での学びを意識しながら、保育者は子どもにとって必要な環境を用意していくのです。

　しかしここで注意したいのは、子どもは学ぶために遊んでいるわけではないということです。大人がよかれと思って創りあげた環境は、時に大人の思い通りには活用されないことがあります。むしろその方が多いかもしれません。たとえば、授業や研修などで見た映像に出てきた園が素敵だったから同じような環境を創りたい！と思っても、自分の実践に取り入れるときにはやはり、今、子どもたちが夢中になっていることや園で大切にしている教育方針とつながることなのか、検討が必要です。また、「遊び方が決められていて、その通りにできるようになることで身に付く力がある」といった分かりやすい指標がある遊具や玩具に大人は魅力を感じがちですが、子どもがそれ以外の遊び方をしたとき、安全に遊べることを大前提としたうえで、できるかぎり子どもの遊び方を尊重し、一緒にその遊びを面白がり、子どもたちの楽しんでいることは何かを探っていくことが大切です。

　今、日本で大切にしている幼児教育においては、遊びを通して子どもが主体的になれる環境であることが大切です。つまり、大人が「これで遊ぶとこんなことができるようになるよ」といって提供するのではなく、子ども自身が自ら環境に関わり、「これで遊んでみたい！」と思うような環境をさりげなく創っていくことが重要です。もちろん、初めて出会う遊びについては保育者がものの性質や扱い方を説明する場面も出てくるでしょう。初めの一歩は保育者からでもよいのです。しかし、子どもがその素材や道具の使い方を理解し始めたら、大人は提案したい気持ちを半分くらいにして、子どもが考え出す遊びの世界を一緒に面白がってほしいと思います。そして、これから子どもや保育の専門家として社会にはばたく皆さんには、子どもの遊びに意味を見出し、その子どもの姿から環境や援助を考えていけるような保育者になってほしいと思います。

（2）保育マップとは

　遊び環境を子どもの実態に合わせて再構成していくことの必要性を前述しましたが、頭に描くだけではイメージしづらいこともあります。そこで、保育者同士がその日に合った保育を語り合い、子どもの姿を多面的に捉え、遊び環境について検討していくことが大切になりますが、その際に記録が有効です。

　その日の保育をただ思い出すだけよりも、誰がどこで何をしていたのか、どのようなものを使ったり、どのような会話をしながら遊びを楽しんでいたかを記録しながら語り合うことで、思考が可視化され、話を聞く側もより具体的にその状

況を理解することができるでしょう。一日の保育が終わった後に保育を振り返り、その日の自分の援助や環境が子どもの遊びにとって適切なものであったかを思い出しながら可視化する力が求められます。

　皆さんは、「保育の記録を書く」というとどのようなものをイメージしますか？おそらく多くの方が、実習日誌を思い浮かべるのではないかと思います。実習日誌は、その日の実習課題をもとに考察をしていくといった性質のものが多いと思いますが、課題を踏まえて考察をするという点において、「上手に正しく書かなければいけない」と構えてしまう人が少なくありません。そこで今回は子どもの遊びを楽しく記録する方法をご紹介します。「保育マップ」をアレンジした記録法です。

　保育マップ型記録[*1]は、「どこで、だれが、だれと、どのような遊びをしていたのか、保育環境に位置付けて俯瞰的に記録することができる」という特徴をもっています。環境構成図の中に、子どもたちの遊びや遊びの中の関わりを記録していく方法です。全体の遊びの中で、今、子どもたちはどのような場所で誰と一緒にどのようなことを楽しんでいるのか、広い視野で捉えることができるという特徴があります。一方で、遊びの時間が短かかったり、子ども同士の遊びが長く続かず、メンバーが頻繁に入れ替わるときなどは記録しにくい面もあります。こうした特徴を理解し、ある程度、遊びが継続したり、仲間関係が安定してきた時期に行うと有効です。田代の提示する保育マップ作成は、以下の手順で行うことを推奨しています。

---

①どこで、だれが、だれと、何をして遊んでいたのかを空間に位置づけて書く。
②子どもの遊びの姿から、場所の使い方や友だちとの関係性、遊び方など、エピソードを記述する。
③その中で幼児の経験していた内容は何か、読み取って書く。
④翌日以降の保育で、次に必要な経験は何かを考えて書く。
⑤そのために必要な、具体的な援助や環境の構成を考えて書く。

河邉貴子・田代幸代（編著）『目指せ、保育記録の達人！』フレーベル館, 2016

　この記録は、日々の保育の中で子どもをじっくりと観察し、その関係性や遊びの様子を記録していくにはとてもよい記録法ですが、実習生や新任保育者など、保育経験の浅い保育者にとっては子どもの姿を細かく捉えることが難しい場合もあります。そこで、まずは園全体の遊び環境の中で、子どもがどのような場所で何をして遊んでいるかを自分自身が把握するために、この保育マップをアレンジして作成できる方法を考えました。本来の保育マップとは異なる点もありますが、子ども理解の初めの一歩のような記録法として、この先、保育マップを作成する

前の実践として楽しみながら取り組んで頂きたいと思います。

（3）保育マップを作ってみよう

　見本を参考に、教育実習での子どもの遊びを思い出し、保育マップを作成してみましょう。今回の保育マップは、子どもの園庭で遊ぶ様子を保育者が捉えることが目的として見本を用意しました。皆さんも実際に園庭での遊びを思い出しながら書いてみましょう。たとえば1か月連続して実習をしていたのなら、思い出せるかぎりの遊びを1か月分まとめて1枚のマップに書きます。今回の保育マップは従来のものとは異なりますが、皆さんが子どもの遊びのどのようなことに興味をもち、その子どもたちは環境とどのように関わっていたのかが分かるもので構いません。Step 1 から3までの内容を、見本を見ながら確認し、実際にマップを作成してみましょう。

ワーク

保育マップを作成しましょう！

　それでは、実際に保育マップを作成してみましょう。今回の保育マップ作成は3ステップで行います。いきなり書いてみよう！が難しい方におすすめの方法です。

Step 1　園庭にある自然、建物、遊具を書こう

①まずはじめに、マップ作りのための大きな枠組みを作ります。マップの下に園舎を書いてみましょう。園舎は四角で幅を取るだけでOKです。

ヒント
　室内との遊びのつながりがある場合は、「園舎」と書くだけでなく、どのような部屋のどのような用具や遊具を使うのかも書いておきましょう。

②次に園庭の自然を書きます。できるだけ、子どもが遊んでいる場所にある自然はその特徴を書いておきましょう。

ヒント
　見本ではたけのこの取れる竹藪がポイントなので簡単に記しました。

③最後に、固定遊具やその他、遊びに関連した環境を書きましょう。

ヒント
　水道やテラスなどは遊びとの関連性があるため、遊具ではなくても描いています。それらのことを踏まえると、p.88のようなイラストになります。

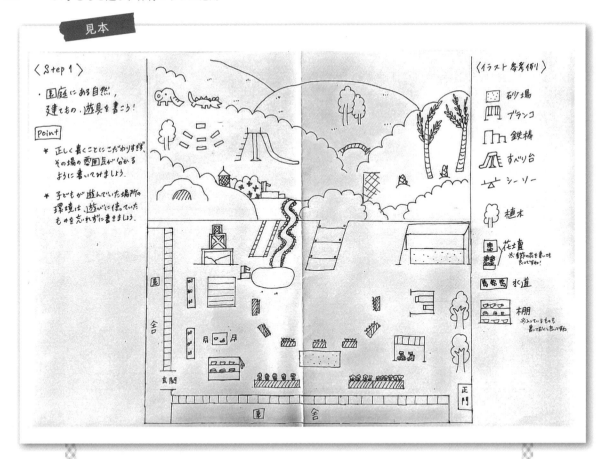

Step 2   子どもの遊びの姿を思い出そう

Step 2 では、Step 1 で書いた環境図に子どもの遊びの姿を書き足します。ここでは、実習で見てきた子どもの姿で印象に残っていることをできるだけたくさん書きましょう。

🔔ヒント

トラブルやいざこざよりも、子どもが楽しんでいたことを思い出しながら書きましょう。

①子どもが遊んでいた場所に棒人間の子どもを描きます。

🔔ヒント

帽子もかぶせましょう。描き方は見本を見てください。子どもの顔を忠実に書いて再現するのではなく、どこで誰が何を使い、どのように遊んでいたかをまとめます。

②子どもたちの会話や態度などを覚えていることを書きましょう。

ヒント

　ただ単に棒人間を描くのではなく、目の向きや帽子の向きを変えながら、子どもの視線がどこにあったのかも描き加えてみましょう。

③子どもたちが遊んでいる遊びの内容や場所、用具等に名称があれば、そのこともメモしておきましょう。エピソードを書くときのヒントになります。

ヒント

　見本に書いてある、「森のステージ」「大人気！たけのこスポット」「色水コーナー」などです。園で決まっている言い方があれば、そのまま採用して書いてもよいです。特にない場合は、自分が後から読み返したときに楽しい記録として残るような名前を自由に付けてみましょう。

見本

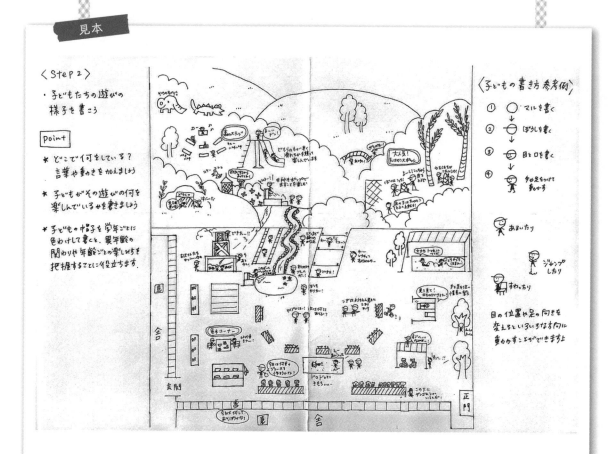

Step 3 　子どもの遊びを観察して発見したことを書き足そう

　Step 1、2のプロセスを経て、子どもたちが体験していたことを思い出しながら、そのときの楽しかったこと、印象に残ったことなどの詳細を書きましょう。また、子どもはその体験を通してどのようなことを不思議に思ったり、できるようになったり、学んでいるのか、3つの資質・能力を参考にしながら書いてみましょう。

ヒント

　3つの資質・能力にとらわれすぎると、「こうしなければならない…」というような難しい解釈になってしまうこともあります。そのようなときは、子どもの発達や資質・能力よりも目の前にいる子どもを自分が見たときに感じた素直な気持ちを自由に書いてみましょう。

　Step 3まで書き終えたら、グループで共有するなどして、他の人から見てもっと知りたいと思ったことを聞きだし、色の違うペンでメモを加えておきましょう。「なぜ、このようなことをしていたのか？」「この環境はどのように準備してあるのか？」など、その場にいなかった人には絵や文字では伝わりきらないこともあります。そこで、このマップを見せ合いながら仲間と語り合うことで、子どもの姿を多面的に捉えることをしていくと、より味わい深いマップになることでしょう。

見本

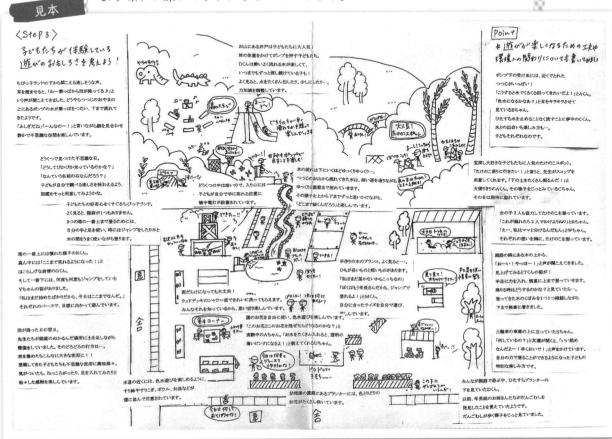

皆さん、保育マップを作成してみていかがでしたか。書き進めていくと、よく思い出せる場所とそうでない場所があることに気が付いたと思います。この気付きこそが、今回マップ作りを行ううえで大切なポイントだったのです。自分自身がどのような遊び環境を好んで見る傾向があるのか、どのような場所にはなかなか意識が向かないのか…。まずは保育者自身が自分の環境への関わりを認識することで初めて、子どもの環境にも目が向くようになるでしょう。そして、子どもの姿を捉える課題が見えることで、よりよい援助ができるようになります。

子どもによい環境を与えたいと思うなら、まずは保育者自身が一緒になって子どもの世界を見てみる、そしてそこから気付いたことを可視化し、自分の子どもの遊びを見る視点を認識することが大切です。こうした経験を重ねることで、子どもが今、遊びの何に夢中になっていて、これからどのようなことを始めようとしているのか、そしてその先にある、「もっとこうしたい！」という意欲が生まれることを見通して、遊びがより豊かになる環境をつくれるようになっていくのです。

ワーク

完成した保育マップの中で、皆さんが最も面白いと感じた場面はどれですか？その場面での子どもの姿を保護者に伝えるとしたら、どのように伝えるか考えてみましょう。

ヒント

遊びを通して子どもが経験していることや、その経験を通して育っていることを考えながら説明することが大切です。

6.保育をデザインする・共有する

「8つのみちしるべ」より達成目標

④幼児児童生徒理解や学級経営等に関する事項

・子どもの行動を捉える視点を学ぶ。
・エピソード記録のポイントを学ぶ。

⑤教科・保育内容等の指導力に関する事項

・保育における気付きを仲間と共有し、語ることの意義を学ぶ。
・子どもの姿を多面的に捉えることの重要性を学ぶ。

（1）掲示の記録で大切なこと

　皆さんが実習に行った園では、保護者向けの掲示はどのようなことが書かれていましたか。筆者は職業柄、いろいろな園に伺うことがありますが、そのときに必ず園の掲示を拝見させて頂きます。園の先生方が書かれた掲示を見ると、その園でどのようなことを大切にしながら遊びを展開しているかが分かるからです。

　たとえば次の2つの記録が掲示されていた場合、皆さんならそれぞれの記録にどのような印象をもちますか。

Ａ：今日はポカポカとよいお天気だったので、○○公園へ遊びに行きました。久しぶりに大きな公園で元気いっぱい走り回ることができ、みんなとてもうれしそうでした。

Ｂ：今日は天気がよかったので、○○公園へ遊びに行きました。みんなが鬼ごっこに夢中で遊ぶ中、AさんとBさんが木陰から顔を出したり隠れたりする遊びを繰り返していました。しばらく見ていると、2人でタイミングを合わせながら地面に影が映る様子を楽しんでいたのです。「先生見て～！影が出たり消えたりしているよ！」と教えてくれました。

　２つの記録の違いについて、どのようなことが考えられますか。まず、Ａの記録は全体の様子を捉えた記録です。一方、Ｂの記録は２人の子どもの行動に焦点を当てた記録です。どちらの記録にもよさがありますが、子どもがその日の活動を通してどのような経験をしていたのかが具体的に分かる記録にすることが大切です。たとえばＡの記録のように、大枠の流れしか書いていない場合、その記録は誰にでも当てはまる記録になってしまい、子どもたちの生き生きとした様子が見えてこないことがあります。一方、Ｂの記録は子ども同士のやりとりが書かれているため、その場にいない人でも情景が浮かぶ記録になっています。

　こうした記録を書く際に、日頃から書いているエピソード記録が役に立ちます。

　エピソード記録とは、保育の一場面を切り取り、その出来事を背景やプロセスを踏まえて丁寧に描く記録法です。子どもと保育者の関わりや、子ども同士の関わりの意味を考えながら、その結果にいたるまでのプロセスを丁寧に書くことで、情景の浮かぶ表現豊かな記録になります。設定したねらいや課題から考察するという記録よりも保育者の心情を描きやすいため、目の前の子どもとのやりとりを自由に生き生きと描くことで保育の様子がよく分かるのです。

　しかしこの記録を苦手とする学生は多く、「書きたいことが見つからない」「具体的に書くことが難しい」「うまくかけるか心配」などの理由を聞くことが多々あります。子どもを理解するうえで、課題から考察したり、発達の視点で書くことは指標があるため頑張って調べれば書けますが、一方のエピソード記録は保育者が自分の保育を振り返りながらそのときの心情を思い返したり、子どもの表現の意味を考えるといった自分の思考から生まれてくる描き方のため難しいのではないかと思います。だからこそ、まずは上手な記録よりも子どもの姿に心動かされたことを素直に表現するといった力が必要なのです。

　こうした子どもの姿の捉え方が難しい場合は、子どもが遊びの何に面白さを感じているのかを、次のポイントを踏まえて考えてみるとよいでしょう。

ポイント１	遊んでいる時間・場所（園庭の真ん中、保育室の隅など場所も様々） （例）〇〇の時間・△△で
ポイント２	遊んでいるメンバー（※年齢が分かれば書く） （例）ＡとＢが、Ａ・Ｂ・Ｃの３人で、など
ポイント３	使っている素材や道具 （例）〇〇でできた積み木を使って、やわらかい△△を使って、など

| ポイント4 | 交わしている会話 |

ポイント4 交わしている会話

（例）Aが「○○」だねと言うと、Bが「△△」と言った。

「□□にしよう！」とBが提案した、など

ポイント5 身体の動き、向き、表情、態度

（例）飛び跳ねた、両手をたたきながら〜

（例）Bの横に座り、Bと向かい合わせになりながら〜

（例）AはBが○○する様子をじっと見ながら〜など

（2）保育をデザインし、共有する

①ある園の実践から

　子どもの育ちを記録し、共有することは、子どもの姿を多面的に見ることへとつながります。また、保護者に園での育ちを伝えるときにも有効です。ここではS園の取り組みを紹介します。S園は、自然豊かな裏山のある大きな幼稚園です。園庭には、子どもたちが自由に手に取り、色水を作れる豊富な花々や、園長先生や保育者が保護者と協力をしながら一緒に作った遊具がたくさんあります。登園すると、子どもたちは自分の好きな場所を自分で選び、友達を誘いながら自由に遊ぶ姿が見られます。

　S園では、子どもの遊びの中での育ちを見る指標として、「幼稚園で大切にしている遊びの要素」というものをつくっています。項目は「ものを作る、生み出す」「考える、工夫する」「挑む、試す」「想像する、空想する」「競う」「共感する、協働する」の全部で6項目あります（図表2-11）。この指標は、幼児期に育ってほしい10の姿をS園の保育理念や保育方針と結び付けながら職員全員で検討したものです。一日の保育が終わり、文章を書いた後、その文章の結果が遊びの様子ではどこにつながるのかな、と考えて6つの要素に丸を付けます。また、この遊びの要素は、一日の保育が終わった後、各クラスでドキュメンテーションを作成する際に、書き手である保育者が振り返りをするために重要な役割を果たしています。ドキュメンテーションは子どもの園での遊びの様子を保護者に伝えるツールとしても使われるため、室内や廊下に貼って掲示をしたり、ファイルに入れて保育室の入り口に置いておきます（p.96の写真参照）。

　幼児教育における遊びの重要性については、保育者間ではもちろんその大切さを認識していますが、保護者にとって遊びは学びということはなかなか伝わりにくいものです。そこで、S園ではドキュメンテーションの記録に6つの要素を加え、

その日に合った遊びの中で子どもたちが経験していることはどのような力につながっているのかということを保護者にも分かるよう、○を付けているのです。たとえばp.96に写真をあげた「新学期、それぞれのパワーあふれる！」を見ると、「考える、工夫する」「共感する、協働する」という項目に○が付いています。こうして遊びの要素に○が付いていることにより、子どもがその日の記録に書かれている遊びを通してどのような経験をしていたのか、どのよう力が育っているかを理解できます。また、保育者にとってもこの振り返りを日々行うことにより、翌日の保育実践や環境構成の見直しにも役立てることができます。

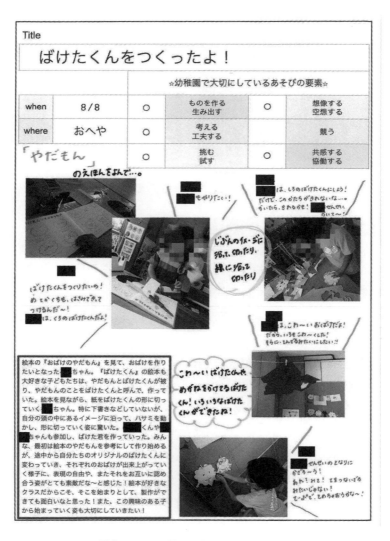

図表2-11　S園のドキュメンテーション

②子どもたちにも興味が広がる記録に

　筆者がＳ園でドキュメンテーションを見ていたときのこと。その様子に気付いたＡさんが筆者のそばにやってきて、「このとき、Ｂさんがたけのこ見つけたんだよ。私にはできないんだけどね」と教えてくれました。年長組の女の子でした。また、ある部屋では、ドキュメンテーションが子どもの見やすい位置に設置され、文章も全てひらがなで書いてありました。子どもたちは、自分たちの体験を保育者が記録にし、掲示していることを理解しており、その様子を一生懸命伝えようとしてくれていたのです。ドキュメンテーションは保護者向けの掲示だという認識が無意識のうちに付いてしまっていた著者にとって、とても考えさせられる出来事でした。

 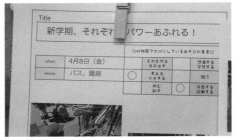

（3）語り合い、共に育つ職場に

　Ｓ園では、園長先生が先生たちと細やかにコミュニケーションを取り、日々の保育を共有することを大切にしています。園に伺ったときも、外で泥だらけになりながら子どもと一緒に遊ぶ園長先生の姿がありました。その様子を見て笑っている先生や子どもたち。穏やかな時間が流れていました。常に子どもたちの輪の中に入り、先生方の声に耳を傾け、一緒に保育をしていこうという姿勢をおもちの園長先生は、記録を書く時間についても工夫されていました。Ｓ園では保育者が毎日、ドキュメンテーションを作成しています。そのドキュメンテーションは当然ながら保育終了後に書くことになります。そのため、先生方は子どもの育ちを伝えたいという思いを巡らせ、どうしても時間がかかってしまうということ。その話を聞いた園長先生は、Ｄ timeという時間を導入しました。

　Ｄ timeとはＳ園独自の取り組みで、保育者間における保育の振り返りを談笑（頭文字のＤ）し、そしてその時間内でできればドキュメンテーション（頭文字のＤ）を作る、またはドキュメンテーションのヒントを得る時間のことです。活きた記録、

活かされる記録を考え、日頃から語り合うことを大切にしてきた延長線上でドキュメンテーションを書くことも業務時間にできないかという取り組みとして生まれました。今年度から始まったD timeは、学年ごとに45分かけて行われます。想定としては、30分語り、15分で記録するというドキュメンテーションのための語り合いです。この語り合いで大切にしていることは、保育の出来事を事実として大切に捉え、もち寄りながらも、子どもの姿をいかに楽しく語り合えるかどうかということです。こうして仲間と保育を語り合うことにより、自分がその日、一番関心をもっていたことが明確になり、ドキュメンテーションを書くための内容も絞られます。

　語り合いの際は、毎回、記録係を一名決め、その保育者が各クラスから語られた内容を要点のみ板書をしていきます（途中交代あり）。また、語り合いの後にドキュメンテーションを書く時間も用意されていますが、その時間内に必ずしもその場で書かなければならないわけではなく、家でじっくりと書きたい人は携帯電話のメモ画面等を利用し、後でゆっくり書くことができるような配慮もされています。子ども一人一人にペースがあるように、保育者のペースも尊重されています。

　また、保育の計画は計画ありきのものにならぬよう、保育者一人一人の心持ちを大切にし、月のテーマを頭に入れながら保育を行います。計画を立てることは必要ですが、その計画にとらわれすぎると子どもの姿をその計画やねらいに寄せるようになってしまうため、あくまでも子どもの姿から始まる計画であることを意識しながら実践をされていました。書いたものを持ち寄って話し合う、語り合う、保育者間の中で積みあげることで、保護者の前でも活かせることを目的としながら、継続したD timeとなるような工夫がされていました。

エピソード記録を書いてみましょう

１．これまでの実習の中で、一番印象に残った場面を思い出してみましょう。
２．１の場面を選んだ理由を考え、その答えを結論にします。
３．結論にいたるまでのプロセスを、５Ｗ１Ｈを用いて書きましょう（自分自身の心の動きも合わせて書きましょう）。
４．エピソードが完成したら考察を書きましょう。

ヒント

　なぜ、その出来事を選んだのですか？書きやすそうな記録ではなく、思わず人に伝えたくなるような、心動かされる場面を捉えることが大切です。

（例）エピソード

　●●の時間、〇〇でAとBが△△を使い、…しながら…していた。Aが「〇〇」と提案すると、Bも「〇〇」と言いながら近くにあった△を手に取り、…を始めた。この先、遊びがどのように展開するのだろうと、2人の様子をしばらく見ていると、Aが突然、私に「〇〇？」と聞いてきた。きっとAは…なのだろうと思い、私はAに「〇〇」と答えた。するとAはBと顔を見合わせて笑い合い、「いいアイデアだね。そうしよう！」と言って、再び…を始めた。

（例）考察

　①子どもの理解についての振り返り（子どもの心の理解、子どもの発達の理解）

　例）Aの…の姿から、「〇〇」という提案には…という意味があったと推察する（子どもの心の理解）。この時期の子どもは、…なのでこのような…になったと考える（子どもの発達の理解）。

　※子どもの興味・関心と発達、両方の側面から考察し、背景やプロセスを踏まえ、多面的に捉えましょう。

　②自分自身の援助についての振り返り

エピソード

_____

_____

_____

_____

_____

_____

_____

_____

_____

_____

_____

_____

考察

①子どもの理解についての振り返り

②自分自身の援助についての振り返り

子どもと一緒に〜1つの行事ができるまで〜

森の里幼稚園 園長 野津裕子

保育者として、一番力が入る瞬間はいつだろう？

　このコラムを書くにあたって、改めて私たちの幼稚園の行事を数えてみると1年で約20回もありました。月に2回近く行事があるってことですね。多いかなあ…先生たちと話し合おうっと。私たちの園では、始業式、入園式、誕生会、遠足、宿泊保育、作品展、発表会等が主な行事になります。

　一つ一つについて、とても丁寧に園全体で計画を立てて（担当教員が考えた草案をもとに全教職員で行う会議の中で修正、加筆を行っています）、それを当日までに間に合うように計画的に準備して、実践を行っているわけですが、当然一番力が入るのは行事を行うまさにその日です。

行事当日に何が起こるかは誰にも分からない

　でもね、どれだけ万全に計画や準備ができていたとしても、行事当日に何が起こるかは誰にも分からないんです。たとえば当日に台風が直撃すれば中止することもありえますし、最近だったら新型コロナウイルス感染症が発生した場合には休園にするってことだってありえます。愚痴っぽいですが、園長の仕事としてその判断が一番難しいです。

　言い方は少し乱暴かもしれませんが、私たち保育者ができることって計画や準備をしっかりと行うってことしかないんですよね。繰り返しになりますが、もちろん行事当日、それはもうみんなで頑張ってますよ。

行事を計画、準備するときに大切な心構え

　園長としては、行事に向けて一人一人の教職員が計画通りに進めることができているかを毎日チェックしています。うまくいっていない先生ももちろんいます。そういった先生には直接アドバイスをします。場合によっては他の先生からアドバイスを伝えてもらうこともあります（私から直接アドバイスしない方が有益な場合もあります）。

　ですが、園長として目が行き届かない場所がどうしても出てきてしまいます。そんなときは「先生たちから伝えてほしい」と思っています。自分の状況が少しでも不安な先生はすぐに伝えてほしいって思うんです。そのために先輩の先生たち（一応、私も含みます）が存在しています。

　園長って孤独なんです。いつもそう思ってます。どんどん声をかけてくれれば、行事をきっかけに「私も元気になって→みんなも元気になって→園全体が元気になる」、そんなよいサイクルが生まれるとうれしいですよね。

第 3 章

家庭と子育て支援

学習の目的

　本章では、皆さんが保育現場で保護者等に対する子育て支援を行うことを想定して、模擬体験を通して支援方法を学びます。皆さんが保育者として子どもやその家族、地域社会と関わるとき、児童虐待の予防や発見とその対応、地域の子育て支援について実践的にどう行動すればよいか、事例を通して対応を考える体験をします。これまで学んできたことを踏まえ、実際の場面で直面する課題に対する対処法を考えます。

　園内で気になる親子がいる場合、また地域の子育て支援を展開する場合、皆さんがどのように捉え行動すればよいか、実践的に理解しましょう。

1．子育て支援と虐待対応

「8つのみちしるべ」より達成目標

①自己にとって何が課題であるのか把握する

- 子育て支援を行う立場として、児童虐待にどう気付き、向き合えばよいかを学ぶ。
- 児童虐待に対して、保育者としての視点をもつ。

⑥子どもやその家庭の理解、職員間の連携、関係機関との連携

- 自身が児童虐待対応や子育て支援について、保育者として必要な知識を有しているかを確認する。
- 事例検討から、適切な知識に基づいた保育者間連携の仕方を学ぶ。
- 地域社会の中で子育て支援を行ううえで、どのような関係機関（社会資源）と連携可能か、これまで学習した知識を確認し、連携の仕方を学ぶ。

⑦保育や子育て家庭に対する支援の展開

- 園内外の子育て支援について、事例検討を用いた模擬体験から学ぶ。
- 子どもへの支援、保護者への支援、地域社会への支援について、連続性をもって捉え、実践する力を付ける。

　子どもが健やかに育つためには、家庭が子どもにとって心地よい場所でなければいけません。また、家庭が安心して子育てできる場であるには、その地域社会が子育てに優しい環境である必要があります。保育者は、子どもの家庭や地域社会が子どもにとってよりよいものであるよう、常に気を配り、働きかけていかなければいけません。

　ここでは、児童虐待の予防と早期発見、対処について保育者の立場でどう行動すればよいか、模擬体験してみましょう。

（1）児童虐待について

　　児童虐待は、児童虐待の防止等に関する法律（通称：児童虐待防止法）におい
て規定されています。身体的虐待、心理的虐待、ネグレクト、性的虐待の4種類
が示されていますが、具体的にはどのようなことから発見できるでしょうか。明
らかな虐待とまではいかなくても、子どもが不適切な養育下に置かれていること
が疑われたら、早期に改善を図る必要があります。そのためには、日々関わる保
育者が子どもや保護者の様子をよく観察し、変化を見逃さないことが求められます。
　　園で子どもや保護者と関わる中で、児童虐待を発見するには、どのような点に
留意すればよいかあげてみましょう。

　　児童虐待を早期に発見するチェックポイントをあげてみましょう。

ヒント

　　保育者として日々子どもと保護者と関わっていると、どのような変化に
気付けるでしょうか。それぞれ、身体的な変化や心理的な変化、家庭環境
の変化から考えてみましょう。

　子どもの様子から気付くこと

_____

_____

_____

_____

　保護者の様子から気付くこと

_____

_____

_____

_____

（２）不適切な養育が疑われる事例

　次は、園児の気になる家庭環境の事例です。どのように対応していけばよいか、考えてみましょう。

事例　園児の変化に気付いたら…

　自営業をしている小田Ａ太さんとＢ子さんは、子どものＣさんをＸ幼稚園に通園させています。園バスの乗降場所ではＢ子さんが送迎していたのですが、このごろはＡ太さんが来るようになりました。送迎時に「このごろはお母さんではないのですね」と声をかけましたが、Ａ太さんは「ええ、ちょっと…」と話したがらない様子です。

　そのころから、Ｃさんは表情が暗いことが多く、時々ぼーっとするようになりました。Ｃさんのカバンの中はいつも同じものが入ったままで、お便りも見ていないようです。Ｃさんは、数日間同じ服を着ていて匂いが気になる日もあります。

ワーク

　Ｃさんの事例からどのようなことに気付きますか？

ヒント

　以前の登園降園のときと比べて、どのような変化があるか、保護者と子どもの様子から考えてみましょう。

子どもの様子から気付くこと

_____

_____

_____

_____

_____

_____

_____

保護者の様子から気付くこと

ワーク

　Cさんの事例では、園内でどのような対応をすればよいでしょうか。子どもと保護者それぞれへの対応を検討する模擬ケース会議をしてみましょう。ケース会議は20分程度、状況の確認と対応を話し合いましょう。

ヒント

　この事例では、家庭環境に変化が見られるようです。子どもと保護者のそれぞれで気付いたことをもとに、検討事項を明確にしてみましょう。検討すべきことが明らかになったら、どのように対応すればよいか、園長・主任、クラス担任、その他の保育者の立場を想定して役割分担を考えてみましょう。さらに、今後、Cさんに対する保育や家族への支援について、どのようなことを課題として関わればよいか、探ってみましょう。

　検討する際のポイントは次のようなことです。
　・Cさんに対して園ではどのように対応していくか。
　・Cさんの家庭に対してどのように関わっていくか。
　・園内体制と役割分担、保護者への子育て支援の視点を明確にすること。

検討課題	Cさんとその家族の状況把握と今後の対応について
ケース会議 日時	年　　　月　　　日　　　：　～　　　：
出席者名	記録者：
対象者の 家族構成	
検討事項	
結論（話し 合った結果、 園で誰がどの ように対応し ていくか）	
今後の課題	

ワーク

　各グループで検討したことを振り返りましょう。最初に、自分自身が模擬ケース会議に出席して、どのような言動をしたかを振り返りましょう。次に、各グループではどのようなことを検討したか、話し合いの結論と対応方法、今後の課題を発表しましょう。

１．保育者の一員としてケース会議をした自分の振り返り

ヒント

　自分の見解、意見をきちんと伝えられたか、他者の意見を聞いて議論できたかなど、積極的に参加できたかを具体的に書きましょう。

_____

_____

_____

_____

_____

_____

_____

２．他のグループの発表を聞いた後のグループの振り返り

ヒント

　他のグループと比べて、ケース会議の進め方や結果はどうであったか、類似点や異なっている点を記述しましょう。

_____

_____

_____

_____

_____

_____

_____

（3）子どもに発達障害が疑われる事例

　子育てで悩む背景には、子どもの発達障害等による育てにくさがある場合があります。保護者がわが子に障害があると認めたくない場合や、子どもの発達に対する知識不足から判断できない場合など、様々な状況が考えられます。子どもと保護者に対してどのように対応すればよいか、考えてみましょう。

ワーク

　次は、園で課題が見られる子どもの事例です。子どもと保護者にどのように関わればよいか、考えてみましょう。

> 　4歳児クラスに入園してきた城山Dさん（男児）は、今日も紙芝居を楽しむ時間に落ち着かず、隣の子どもにちょっかいを出したり立ち歩いたりします。日頃から、勝手に教室から出て行ってしまうなど、目が離せません。母親におうちでの様子を聞いても、「男の子はこんなものだと思っています。言うことを聞かないときは困ることもあるけれど、子どもは元気なのが一番よいのではないですか」と言うばかり。しばらく様子をみることにしていましたが、ある日、お着換え時に肩のあたりに打撲痕があったのでDさんに聞くと、「パパが棒で叩いたの。ご飯のときにちゃんと食べないからダメって。パパは悪くないよ」と言いました。

1.　皆さんがDさんの担任であったら、今後どのように対応しますか。

ヒント

　保育の場面でDさんが落ち着かない行動を取っていることから考えてみましょう。Dさんの母親はどう考えているでしょうか。父親はなぜ叩いたのでしょうか。それぞれの気持ちを考えながら対応するには、どうすればよいかに視点を置いてみましょう。そのうえで、園としての関わり方を考えてみましょう。

Dさんに対して

_____

_____

_____

_____

_____

保護者に対して

_____

_____

_____

_____

園の他の職員に対して

_____

_____

_____

_____

２．グループで対応について話し合ってみましょう。

_____

_____

_____

_____

_____

３．話し合いを踏まえて振り返ってみましょう。自分の考えとグループ検討、全体発表を通して分かったことをあげましょう。

_____

_____

_____

_____

_____

_____

2．子育て支援の実際

「8つのみちしるべ」より達成目標

⑥子どもやその家庭の理解、職員間の連携、関係機関との連携

・家庭のニーズ（必要なこと）を把握することから、支援につながることを理解する。
・家庭の支援には、園の職員が連携する必要があることを理解する。
・園と地域の関係機関は連携する関係であり、どのようなところと連携ができるかを学ぶ。

⑦保育や子育て家庭に対する支援の展開

・園児の家庭に対する支援について学ぶ。
・地域の子育て支援とどう関わっていくか、支援のあり方を学ぶ。

　園は、地域の子育て支援に関わることが求められています。園は、地域社会から見れば子育て支援の重要な社会資源の一つです。地域の子育てを担う支援機関として、地域にある様々な社会資源や住民とともに子育てしやすい地域社会にしていかなければいけません。
　園が地域の子育て支援を行う際に必要な知識を確認しましょう。

（1）園児の家庭に対する子育て支援

　園の子育て支援について、これまでに学んだことを踏まえて実践的に考えてみましょう。

ワーク

園は、地域社会の中でどのような子育て支援ができるでしょうか。

1．通園している子どもとその家庭に対して、園ができる子育て支援（通常の保育以外）をあげてみましょう。

ヒント

園児の家族に視点を置いてみましょう。母親、父親、きょうだい、祖父母などがいます。園児の家庭生活を考えて、何かできることはないでしょうか。

2．グループで話し合ってみましょう。自分があげなかった支援を記入しましょう。

第3章　家庭と子育て支援

（2）園と地域社会の子育て支援の連携

　通園している子どもとその家族が、地域の社会資源を活用することについて、事例から考えてみましょう。

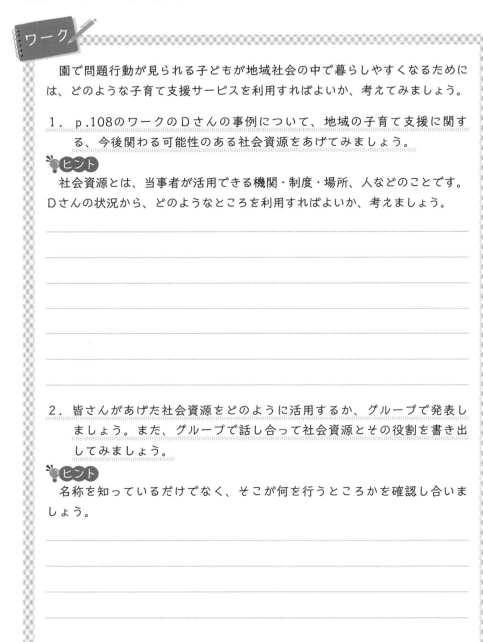

　園で問題行動が見られる子どもが地域社会の中で暮らしやすくなるためには、どのような子育て支援サービスを利用すればよいか、考えてみましょう。

１．p.108のワークのDさんの事例について、地域の子育て支援に関する、今後関わる可能性のある社会資源をあげてみましょう。

　ヒント

　社会資源とは、当事者が活用できる機関・制度・場所、人などのことです。Dさんの状況から、どのようなところを利用すればよいか、考えましょう。

２．皆さんがあげた社会資源をどのように活用するか、グループで発表しましょう。また、グループで話し合って社会資源とその役割を書き出してみましょう。

　ヒント

　名称を知っているだけでなく、そこが何を行うところかを確認し合いましょう。

（3）園が取り組む地域子育て支援

　地域社会には、子どもを園に預けずに子育てを自宅で行っていたり、要介護者がいたり、ひとり親であったり、様々な家庭があります。園は、様々な子育て家庭が暮している地域社会に対して、どのような子育て支援ができるか考えてみましょう。

ワーク

1．園のある地域社会で、園はどのような子育て支援ができるでしょうか。

ヒント
園児以外の地域の子どもとその家族が必要なことを想定してみましょう。

_____

_____

_____

_____

_____

2．グループワークで話し合い、自分が思い付かなかった子育て支援を記入しましょう。

_____

_____

_____

_____

_____

3．園と地域子育て支援について、自分の知識やグループワークで得られた知見を振り返りましょう。

_____

_____

_____

_____

第3章　家庭と子育て支援

地域の子育て支援センターは、子育て中の「親子の居場所」

小田原市おだぴよ子育て支援センター センター長 本間一江

　今の皆さんにとって、心から安らげる「居場所」はどんなところでしょうか？自宅、学校、図書館やカフェ？その「居場所」は誰と過ごす場所ですか？家族と、あるいは友人・知人と過ごす場所でしょうか。あなたは生まれてからいろいろな「居場所」で、多くの人と関わり合い守られてきたと思います。困ったことや悩みがあれば、居場所の誰かに助けを求め、相談もできたことでしょう。中には自分の「居場所」をなかなか見つけられずに今も辛く、苦しい思いをしている人もいるかもしれません。

　あなたが女性であれば、いずれ子どもを産み育てる機会が訪れるかもしれません。あなたが男性であれば、わが子を胸に抱き育てる機会が訪れるかもしれませんね。さあ想像してください。皆さんは親になりました。生まれたばかりの子どもは全部が小さいです。身長が50cmほどです。赤ちゃんを抱いている自分を思い描いてみましょう。つぶらな瞳はしっかり皆さんを見つめています。小さな指は皆さんの指をぎゅーっと力強く握りますよ。かわいいですね。愛おしいです。毎日かわいいこの子と一緒に過ごすことができるなんて、どんなに楽しいだろう、しあわせだろう、この子のためにがんばろうと思うでしょう。新しく生まれた命の「居場所」ができました。

　ところが…あれ？オムツも替えた、ミルクも飲ませた、抱っこもしている、どうして泣きやまないの？夜中に１時間おきに泣いて起きる…どこか痛いの？どうして泣いているの？私も毎日睡眠不足で頭がボーッとして泣きたくなってくる。助けて！

　楽しいことばかりだと思っていた初めての子育ては、親も分からないことが多いので、喜びと不安は半分ずつかもしれませんね。「子どもが０歳ならば、親も親としては０歳なのだよ」とよく言われる言葉があります。親も初めから「親」なのではなく、子育てを経験しながら「親」として成長していくのですね。ただ以前に比べると社会の状況も大きく変化して、子育てが難しい場面も増えているように感じます。核家族化や女性の社会進出、０歳からの保育所入所、子育てをする保護者がASDやADHD等、お母さんやお父さんのがんばりだけではどうにもならないときや、そもそも子育てが家庭だけでは困難になってきている状況が見え隠れしています。

　そこで地域には「子育て支援センター」という場所があります。子育て中の親子にとって、地域に出て行くきっかけとなり、地域とつながる場所です。同じくらいの年齢の乳幼児を育てるほかの親子に出会い交流ができる、子育てアドバイザーに小さな悩みや不安を話すことができる、また子育てのための楽しい講座・イベントが実施される、自分たち親子をありのまま受け入れてくれる人たちがいて、自分らしい子育てができるように支えてくれる人がいる。子育て支援センターは「親子の居場所」です。

第  章

保育の現代的な課題と保育実践

〜新しい保育の動きを知ろう〜

＞＞＞ 学習の目的 ＜＜＜

　この章では、皆さんが、実践の現場に出るときには理解しておいたほうがよいと考えられる保育現場で実践されている事項について学習します。保育現場では、国の動向や社会の要請等を視野に入れながら、保育の質を高めるために、様々な取り組みを行っています。保育者や子ども、保護者の最善の利益を守るために、あるいは保育者が生きがいをもって働き続けられるように幼稚園・保育所・認定こども園等の運営や保育内容について日々試行錯誤しているわけです。その試行錯誤のいろいろについて、いくつかのテーマを設け学習していきます。資料を調べたり、実践の場に出向いたりしながら、保育現場で実践されている様々な試みについて理解を深め、働くときに実践力を発揮できるよう学びましょう。

1.チーム保育の基本的考え方

「8つのみちしるべ」より達成目標

①自己にとって何が課題であるのか把握する

・保育現場で働くことをイメージしながら、保育展開に主体的に関われるよう自分なりの保育方法や働き方を考える。その際、園内研修やカンファレンスに参加することを想定し、役割を取って、グループワークを行うことを通じで対話的な学びを実感すること。

⑧保育に関する現代的課題の分析に基づく研究

・保育の質を高めるために、現場で試行錯誤されている実践に関して調べ、資料等を参考にしながら、どのような園運営や保育内容が展開されているか理解する。
・「チーム保育」「保育のICT化」「ノンコンタクトタイム」等に関して、保育者としての働き方の視点、および保育の専門家・実践家としての視点から現状と課題を理解し、必要な知識・保育実践力を身に付ける。

保育は子どもと保育者等が出会って、「育ち合う」場です。複数の人間が集まって、関わりながら集団で生活する場で保育が展開していきます。

保育者が一人でクラスを担う場合には、先生が「指導する」、子どもが「指導される」という二者関係が成立しやすいのですが、複数で担当すること、つまり、役割や機能を分担し連携して複数で保育を行うことにより、お互いを尊重し合って三者関係が展開し、ダイナミックな集団活動がより豊かに展開されると考えられます。

また、子どもが安全で安心して生活し、一人一人が大切に保育されるためには様々な視点で子どもを理解し、援助していくことが求められます。保育者が複数で保育に関わると、多角的な視点から子ども理解が可能ですし、保育者の個性や得意なことが発揮されると保育の内容も豊かになります。そして子どもたちも様々な個性をもつ保育者たちと関わることにより、いろいろな能力が引きだされてい

きます。

　現在、幼稚園・保育所・認定こども園等では、保育者が複数でクラスを担任することが多くなっています。3歳未満児の保育においては複数担任が当たり前になっていますが、幼稚園においても基準の1学級35人以下で学級を編成したり、複数担任制を取っているところが増えています。子どもにとっても、保育者にとってもよい傾向ですね。

　複数で保育をする、というのは、単に人数が多ければ目が届く、ということではなく、クラスでの保育の質を高めるために、クラスに関わる保育者がそれぞれ役割を果たして連携するところに意味があります。

　たとえば、生活や遊びの過程で、関わりに細やかな配慮を求められる子どもへの援助をする支援の保育者がいますし、保育所や認定こども園では保育が長時間にわたるため保育士や保育教諭にはシフト*1があり、必ずしも担任が全ての時間にいるわけではありません。そのようなとき、チームで保育する視点をもつことになります。

　また、園全体を見ると、栄養士や調理員・看護師・園バスの運転手など、職種の異なる人々が子どもや保護者に関わっています。園全体の運営では園長や主任等の職制が意識されることもあります。クラスの保育では、複数担任の場合、その役割からTＩ、T２、T３*2と呼び、子どもや活動について異なる関わり方を行うことがあります。異年齢の合同の時間では、たとえば、行事や園庭での活動などで遊びを通した総合的な保育展開をしようとすれば、担任だけではなく、その場にいる保育者同士がチームを取り連携して活動を展開します。

　保育者を含む職員が日々の保育にどのようなチームを組んで携わるのかを理解し、自分のその日の役割を考えながら保育に当たることが求められています。新人でも求められる役割を理解し、他の職員と連携する力を発揮することが実践力となります。チーム保育を行うことを通じて、様々な役割を意識的に果たしていくことで、保育者として育っていきましょう。次から、保育者チームによるチーム保育について学びます。

（1）集団活動のための保育者チーム〜3つの基礎的な視点〜

　複数の保育者が一緒に保育を行っているというだけでは、チーム保育にはなりません。保育者・職員が集団活動*3を行っている場所ですから、「集団活動を豊かに」

---

*1　保育所・認定こども園等では、保育時間が長いため、保育士が遅番・早番・土曜保育などシフトを組んでいます。
*2　T1（ティ・ワンと読むことが多いです。Teacher 1）、T2、T3、またL1（エル・ワン　Leader 1）、L2、L3というところもあります。
*3　T集団の活動を活発に行うためには、グループダイナミックスの考え方が応用できます。

がキーワードです。園での集団の活動をダイナミックに展開するために、次のようなチーム編成と活動が考えられます。

①職制によるチーム編成（社会地位的役割チーム）

園に勤務する職員全体のチームのことです。各職種・職位による役割・専門性があり、その役割を担って共通の目的のもと（園の目的や目標）に組織されるチームで、質の高い保育を目指します。園長・主任・担任保育者・臨時保育者・加配保育者・事務員・看護師・栄養士・調理員等、職制により果たす役割が異なります。専門性や勤務形態などが違うことに意味があり、立場の違う視点から意見を出し、情報交換し、活動を担っていると、幅広い活動が期待されます。ただし、役割が固定しやすいことがあり、専門性は発揮されますが、それに伴う責任も大きいです。雇用の関係等、力関係が成立しやすいため、役割分担には責任者（ここでは園長）の配慮が必要です。

具体例として、組織運営・園内研修・災害・避難訓練・職員会議等の活動でのチームです。自園の保育の基盤を明確にし、質の高い保育を目指します。

②経験・活動によるチーム編成（場面構成的役割チーム）

行事のときや委員会・事例研究・年齢別クラスによるチーム活動をするときのチームです。経験に基づき事務等を分担し、継続して取り組む集団活動といえます。職員の得意なことを生かしやすく、職員が特技や個性を発揮することで、活動が豊かになります。役割分担し、協力することで、同僚性が育まれ、保育のプロセスを皆で共有し、活動を創りだすことがこのチームの効果になります。

具体例として、保護者対応（三者面談等）・行事運営・年間計画や月案等の作成・環境整備などの活動でのチームです。保育のプロセスを皆で共有し、活動を創りだし、保育を豊かにします。

③クラス担任による日常的活動のチーム編成
（人間関係的役割チーム・心理行為的役割チーム）

一般的にチーム保育（ティームティーチング）といわれるときの保育者チームということができます。実際に、集団活動を展開する機能的なチームで３つの機能を分担して保育活動に臨みます。

具体例として、日常の保育、預かり保育や延長保育等での活動のチームです。日々の保育で、一人一人を大切にし、充実した活動を展開し、子どもたちの集団が育ちます。

（2）日常の保育場面での保育者チームによるチーム保育

　日々の保育において、複数の保育者で保育を行うときには、保育者の機能として次の3つの役割を考えると、行動しやすいです。それぞれの機能について確認し、日々の保育活動を保育チームの視点から捉え、3つのどの役割・機能も担えるようになりましょう。

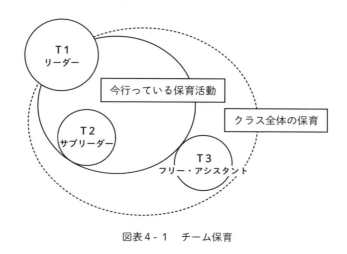

図表4-1　チーム保育

T1 方向性機能を果たす

　集団全体の方向を示します。「何をするか」の枠を考え、一日の保育活動全体の進め方、時間の配分、活動から活動への移行、活動の内容説明等を行います。週日案・日案を書き、その日の指導計画も書きます。クラス全体の活動を導く役割を担っている機能です。

T2 内容性機能を果たす

　集団活動の中身を広げたり深めたり、子どもたちの自発的な活動を助けます。T1の示す方向性を子どもにより分かりやすくなるよう言葉がけをしたり、伝達したり、活動の内容理解を助けたりします。T1に詳しい説明を求めたりして、子どもの活動への動機が育ち、自発的な活動ができるようにふるまう役割です。子ども同士の活動をつなげ、集団活動の充実を支えます。子どもの立場により近い視点をもちます。

T3　関係性機能を果たす

　外との関係を付けたり、足らないところを補ったり、環境整備・ものの準備をしたりします。周辺にいる子どもや後から集団に参加する子どもを援助することも多いです。環境を整えたり、個と集団の関係を調整したりして、集団活動を外から支えます。

　クラス活動でのチーム保育のよいところは、保育者がコミュニケーションを様々に取りながら協力して保育に当たる中で、保育活動を安心して安全に行い、子ども一人一人に目を配ることが実現し、子どもが自ら十分に生活や遊びができることです。保育者が子どもをいろいろな視点から理解し、必要な援助を丁寧にすることができます。

　具体例として、折り紙の場面を説明します。次のイラストを参考にチーム保育を考えてみましょう。

（Ｔ１）その週のリーダーの保育士が、活動の方向性を示し、「折り紙を折ろう」と活動を投げかけます。

「昨日散歩に行ったときに、みんなは何か見つけましたね」と子どもの興味を引くように導入する。「池にオタマジャクシがいた」「おれ、触ったことがある」等、子どもの声が出る。「そうそう、オタマジャクシがいたね。そこで、今日は折り紙でオタマジャクシを折ってみようと思うんだけど」と提案する。

オタマジャクシの折り紙の実物を見せ、具体的な材料等を示す。「こういう折り紙です」「材料はこれだよ」と言いながら子どもに見せ、Ｔ２、Ｔ３と手順を確認する。

（Ｔ２）子どものそばで、Ｔ１の言葉を捉えて、子どもが興味・関心がもてるように働きかけます。

「池にオタマジャクシいたね」「折り紙で折ってみようかだって。面白そうね」「どんな折り紙なのかな」等、子どもの考えが出やすいような言葉をつぶやく。子どもが製作に取り組む様子を見ながら、難しそうな子どもにはやり方を示したり、材料を整えたりする。

（Ｔ３）活動の外側にいつつ、一人一人の子どもの様子を見ながら、クラス全体に必要な援助をしていきます。

トイレに行きたい子に付き添う。「トイレに行こうね」「戻りました」等、言葉にして伝えていくことが重要。足りない材料を用意したり、製作したものの置き場所を整えることもある。

イラストは「三幸学園ぽけっとランドこども未来会議の発表資料」2019,2021 を参考に宮川作成

チーム保育の役割分担を考えましょう

　避難訓練の場面での、T1、T2、T3の言葉がけを考え、イラストの中にセリフを入れてみましょう。

ヒント

　それぞれ次のような役割です。

（T1）今するべきことを、分かりやすく伝える。指示は短く的確に。子どもの数を確認する。

（T2）手をつないだり、行くべき方向を示したり、行ったり来たりしながら子どもの行動を促す。

（T3）怖がっている子どもに即して励ましつつ、T1、T2に子どもを引き渡す。一番後ろで、残った子どもがいないか、鍵やものの確認をする。

T 1
_____

T 2
_____

T 3
_____

イラストは「三幸学園ぽけっとランドこども未来会議の発表資料」2019,2021を参考に宮川作成

2. 保育を語る、対話することの重要性

「8つのみちしるべ」より達成目標

③社会性や対人関係能力に関する事項

・園の職員間で保育を語り、対話することの重要性を説明することができる。

⑥子どもやその家庭の理解、職員間の連携、関係機関との連携

・保育を語り合うことを通じて、子ども理解を深め、同僚性を構築できるよう、保育のあれこれを語れるようになる。

⑧保育に関する現代的課題の分析に基づく研究

・保育者の業務軽減と保育の質向上の視点から、ノンコンタクトタイムについて理解する。

（1）保育者の業務負担について

　皆さんも保育士不足の問題について耳にしていると思いますが、保育者の離職が目立つこと[*1]に鑑み、保育者として働く魅力とやりがいを感じられる勤務環境にしていくことに国が本腰を入れています。2021（令和3）年3月に「保育分野の業務負担軽減・業務の再構築のためのガイドライン」が厚生労働省より出されました。現場で取り組む内容が大変細かく示されています。それだけ、乳幼児の発達や成長を援助し、家庭をも含めて見守り地域の子育てにも貢献する、という保育者の存在が重要視されているといえます。

　では、保育者の離職が多いことや資格をもっていても再就職をためらう要因は何でしょうか。

　筆者の関わった文部科学省の事業において、潜在保育士[*2]の方々にアンケート調

[*1] 離職率からすると、他の業種に比べてかなり高いというわけではありません。また、賃金が低いといわれる点でも、年齢によっては低くない場合もあります。これは、「命を預かる仕事」として見ると低いといえるということだと感じます。

[*2] 潜在保育士とは、保育士の資格をもっているが、現在保育領域で働いていない人のことをいいます。

査をしたとき（2019）に、保育現場に戻ろうとするときにためらう要因として、①職場の人間関係への不安、②「書く仕事」が多いことへの困惑、③パソコン等、新しい方法への不安、があげられていました。ほかには、子育てとの両立の困難さ、給与水準の低さもありました。また、エンゲージメント[*3]調査したときに実施した現職の保育者へのアンケートでも、離職したくなる理由として、①職場の人間関係、②保育以外の業務の多さ、③賃金の低さ、があげられており、その他、若い世代では休日が不規則であること等が要因になっています。

　一方で、筆者はその調査の際に、保育者が忙しそうにしている場面から、保育や行事の準備、子どもの記録などは時間もかかるし、負担に感じるのではないか、と思っていました。ところがそうではなく、行事の準備、子どもの記録などは負担に感じにくいという結果も出ました。「行事等の準備は大変だけれども、子どもの成長する姿や、終わったときのクラスの充実等は忙しくとも負担感は少ない、むしろやりがいに感じる」という意見があり、子どもの記録では、「記録することを通じて、一人一人の子どもの姿を思い出し、自分の保育を振り返り思い巡らすことは、むしろ保育の質向上に通じ、意義のあることで楽しみにも通じる」とのことでした。またそのときに、他の保育者と保育や子どもについて語り合う時間がもっとほしいという意見があがっていました。

　つまり、保育者の業務負担に関していえば、事務的な業務と保育に関する業務は異なること、負担に感じるのは子どもや保育に関わる以外の業務であるといえます。

　皆さんは、どう思いますか？実際には、事務的な業務が軽減されると働きやすくなると想像できます。

　現在、保育の現場では、保育者が働きやすくなり、保育の質がより向上するように様々な試みがなされています。

　たとえば、園における働き方改革の推進例として「キャリアパスの明確化、多様で柔軟な働き方を選択できる職場環境が重要」とし、業務負担の改善例として、①ICTなどの活用による業務改善、②多様な人材活用による業務改善、③保育業務で作成する書類の削減などによる業務改善、が提案されています。その例ではワーク・ライフ・バランス[*4]の考え方にのっとり、「ワーク・ワーク保育者」ではなく、「ワーク・ライフ保育者」という保育者としての姿勢を重要視しています。保育者として自分自身の生活も豊かにすることが、保育の豊かさに通じるという考えです。

[*3]　エンゲージメントとは、個人がやりがいや目標をもってこの組織で働き続けたいと思う気持ちのことです。文部科学省の平成30年度「専修学校による地域産業中核的人材養成事業」に拠ると、保育現場における職員の定着にとって「環境改善」および「エンゲージメント向上」は重要な課題であると考えられています。

[*4]　内閣府「男女がともに、人生の各段階において、仕事、家庭生活、地域生活、個人の自己啓発など様々な活動について、自らの希望に沿った形でバランスをとりながら展開できる状態」

（2）保育を語り合うことの重要性

　倉橋惣三の『育ての心（上）』に「子どもらが帰った後に」という文章があります。この文章にもあるように、子どもたちが降園した後で、保育者は常に自分の保育を振り返っています。掃除しながら考える、などと比喩されます。また、私一人が私の保育を振り返るだけではなく、廊下の掃除をしながら、隣のクラスの同僚の保育者に「野菜がたくさん取れて、喜んでいた」「今日○ちゃんが野菜を食べてね」「砂場が満員だった」等、あるいは、職員室で子どものことや出来事を話しながら「明日は雨の予想だから、ホールの使い方を相談しましょう」「そろそろお誕生会の準備を始めよう」等、子どものことを個別にあるいは友達関係、遊びの話やその日の保育について、次の日の保育について話すことが多々あります。

　日常の保育の中で、ただ単に「○ちゃんが○していた」という出来事を語るのではなく、出来事の意味を語るということが楽しいですね。「今日○ちゃんが野菜を食べてね」という報告に中に、給食で野菜に苦戦する○ちゃんの姿、根気よく少しずつ野菜を薦める保育者の言葉がけ、「○ちゃん、すごい」と喜んだ○ちゃんなど、出来事の背景や子どもの変化などが語られます。そうすると、他の視点でも話が展開します。「子どもの苦手なこと、どうする？」や「保育者の考えるこうなってほしい姿」「子ども同士の関係」等にも言及していくことでしょう。

　保育者の感じたことを言葉にする、つまり、言語化する時間であり、さらにはそこから次の保育が語られ、次の場面での子どもの姿が語られていきます。こうした繰り返し、重なる会話が「対話」です。このような対話が、園の保育を楽しく、豊かなものにし、お互いへの理解にもつながるでしょう。そのことが保育の質向上のはじめの一歩となります。保育の質向上については「日常的な振り返りや語り合い」が重要なのです。

　大豆生田は、保育の質向上のためには園内研修が非常に需要であると述べています。「園内研修で一大事なのは、日々の保育の振り返りです。つまり、今日の子どもの姿をあれこれ振り返ることです。（略）保育者同士の「子どもの姿を語る」ことつまりエピソード語りがすでに園内研修の第一歩なのです。」[i]として、ちょっとした時間に同僚と子どもの姿を語り合うことを重要な研修として位置付けています。

　そして、このような対話が可能な職員間の関係性は、「同僚性」として語ることができます。仕事をする仲間として、職位・経験などによらず、「思ったことが表明できる関係性」のことです。同僚性の高い、つまりそれぞれの考え・感じたことが表明できると、風通しのよい、気持ちのよい人間関係のもとに保育ができます。

前述した離職や就労をためらう要因の一つに「人間関係」がありましたが、風通しがよくなり、自分の考えが言えるという環境になるよう、現場も努力しています。皆さんも、新人であっても、同じ保育に携わる一人として、同僚の話を聞き、自分の意見を表明し、さらに次はこうしようと気付いていけば、人間関係に惑わされることなく、保育者として成長していけると思います。

　しかし、一方で保育士の就労時間から考えると、話し合いの時間を確保することは難しく、また和やかな雰囲気で様々な内容を話せるためには、園全体の勤務体制の見直し等も必要でしょう。

（3）ノンコンタクトタイム

「ノンコンタクトタイム」*5という言葉を聞いたことがありますか？保育者が子どもから離れて記録や教材の作成を行ったり会議をしたりする時間のことを、ノンコンタクトタイムといい、保育現場で重要視されるようになってきました。

　保育者は業務量が多く、保育の責任も大きいところから、業務負担からストレスを感じることもあります。そこで、休憩とは異なる時間を保障して、労働環境を改善し、職員間の連携を深めたり、専門性を高める時間の必要性が検討されています。職員会議・園内研究・カンファレンス等を想定した時間を創出するということです。

　ノンコンタクトタイムが話題なった背景に次のような3つのポイントがあげられています*ii。

　1つ目は、2018（平成30）年度から実施されている幼稚園教育要領、保育所保育指針、幼保連携型認定こども園教育・保育要領により、カリキュラム・マネジメントの充実による保育の質向上が求められていることです。

　2つ目は、今後、日本の保育においても子どもの学びや育ちに対するエビデンスが重視され、可視化できる保育記録、作品、データ分析によるフィードバックが必要となるからです。

　3つ目は、組織としてのカリキュラム・マネジメントおよび保育者の専門性を高めるために、同僚との園内研修やカンファレンスのあり方が注目されていることです。

　特に3つ目の「同僚との園内研修やカンファレンス」の重要性が増しています。

　では、実際には、どのように運用されているのでしょうか。

---

*5　2章1に前述しています。

事例　ノンコンタクトタイム

　S学校法人の運営する各保育所でも保育者の働きやすい環境をテーマに研修していますが、"働きやすい職場とはどんな職場"を考える中で、まずは「時間の使い方を工夫しよう。ノンコンタクトタイムを作って、余裕をもって仕事に取り組もう」ということで、ノンコンタクトタイムの取り組みを始めました。そこで、ノンコンタクトタイムのメリットとデメリットをまとめ、導入例を紹介しています。

「ノンコンタクトタイムのメリットとは作業に集中し、はかどる、残業が少なくなる傾向がある、子どもと新たな気持ちで接することができる等があげられる。一方、ノンコンタクトタイムのデメリットとは、保育から完全に離れる職員が出るので人手がないときはできない、子どもと離れることに対して罪悪感をもつ人もいる等が考えられる。そして、実際に運用にあたって、ノンコンタクトタイムを取るときには、メリット・デメリットを十分に話し合い、お互いの理解と協力があるからこそ成り立つものである」[*iii]と確認したそうです。

　この調査はノンコンタクトタイム導入の初期のもので、時間の創出にあたっての工夫では、シフトの中に組み込む、会議の必要なときには申しでる、会議を効率よく行うために議事を明確に、作業する場所の確保等も課題になっていました。

　さて、2021年（令和3）年度のS学校法人のノンコンタクトタイムの事例発表では①ノンコンタクトタイムが取れている園は75％、②ノンコンタクトタイムが取れている理由として、シフトに組み込んだこと、時間を有効に使うように保育者の意識が変わったこと等、③ノンコンタクトタイムの時間は園により月1時間から15時間以上まで幅広いこと、がアンケートで示されました。

　様々な園で、ノンコンタクトタイムを取得し、残業や持ちかえり業務が減っていくと、保育者の心に余裕ができることが報告されています。保育者の心身の余裕が、よりよい保育ややりがいにつながることが期待されています。

3. 保育現場のICT化とその活用

「8つのみちしるべ」より達成目標

⑧保育に関する現代的課題の分析に基づく研究

・保育現場でのICT化の現状を調べ、ICT化のメリットについて理解する。
・現場で使えそうなアプリを探し、利用しようとする。

　現代の社会は情報化社会といわれています。情報をどのように集め、使い、生活に生かしていくのか、あるいは、ICTを有効に活用して仕事や生活をどのように効率的に進めるか等、ICT化が当たり前の社会になっています。そして保育の現場でもICT化が進んでいます。

　保育におけるICT化は、園の運営に関連した働き方改革の面からと、子ども理解を含めた保育実践の面から考えることができます。ICT を利用することで、保護者との情報共有、職員間の情報共有が円滑になり、業務負担を軽減することが可能です。

（1）保育所におけるICT導入の事例

　P保育園では、実際にICTを活用し、業務の効率化を図ってきました。この園では、Dというシステムを契約して、園運営に関しては園運営管理ソフト、職員業務に関しては帳票[*1]管理ソフト、保護者連絡に関して保護者用のアプリを利用しています。

　「従来、保育園は膨大な紙の書類がいろいろな場面で記録され、残されてきています。しかしその書類の中には同じ情報がいくつもの書類に重複していたり、情報が分割されいくつもの書類に分けられていたりと「効率」の面で乏しい状態でした。そういった部分を、アプリやソフトを使ったICTを活用することで改善が進んできています」とは園長の言葉です[*i]。

　また「同じ情報のものは一度の入力で複数の書類に転記されたり、ひとまとめにできる情報は一つの書類にまとめたりと、業務の効率化につながっています」

[*1]　帳票とは、保育の計画、指導計画、保育日誌、児童票、事故記録等を指します。

というわけで、必要な情報が整理されて管理できるので、とても便利で間違いのない安全な情報管理が可能です。

　どのような業務のソフトが利用可能か、表にしてみました。どのようなソフトを使って園業務を軽減しているのか、また、役立てているのかを見てみましょう。

業務内容	ソフト名	内容
園運営	園運営管理ソフト	● 園児情報 ● 登降園管理（災害時管理も） ● 給食費徴収 ● 保育士のシフト
職員業務	帳票管理ソフト	● 指導案・日誌作成 ● 保育ドキュメンテーション ● 連絡帳 ● 発育・健康記録 ● 給食・献立管理
保護者連絡	保護者用のアプリ	● 連絡　メール配信 ● 園便り・クラス便りの送付 ● 写真管理などの事務作業量を軽減 ● 午睡時の体感センサー

図表4−2　園で使用される主な業務ソフト

　皆さんが就職すると、まず、園で記録することの多さに驚くことと思います。ICTを活用することで、記録が1つのソフト上に収納されるので、閲覧することができ、たとえば先週の週案の反省を生かして今週の週案を立てるなど、次の計画を作成するときに参照がとてもしやすくなります。また、例文や過去の文章を参照することで、目の前の子どもたちに添った文章表現をすぐに挿入することができるようです。

　ICTの活用が保育現場で進んでくることで子どもと向き合う時間が確保しやすくなり、業務負担が軽減して保育者の余裕が生まれれば、結果保育の質があがってくると考えられます。

（2）ICTシステムとアプリ

　保育の領域ではいくつかのシステムが開発・運用されています。公立・私立等の園の状況や園児の人数など、個々の必要性によってどのようなシステムを導入し、どのアプリを活用するかは異なりますし、使いやすさも違います。また、導入の際には、Wi-Fiの整備やPC・タブレットの購入、システムとの契約等が必要ですし、情報の共有等の枠組みづくりも重要な点となります。次ページで、主なアプリの例を紹介します。

デイリーボード　保護者からの連絡　園内連絡　お知らせ一斉配信　行事予定　写真販売

登降園管理　出退勤管理　アンケート　資料室　シフト管理　請求管理

記録と計画　保育ドキュメンテーション　園児台帳　承認トレイ　給食管理　販売・注文状況

施設・採用情報　コドモンストア　設定

保育・教育施設向けICTサービス「コドモン」より

図表4-3　業務ソフトのアプリケーション例

ワーク

　模擬園内研究会を体験してみましょう。前述した3つのテーマ「保育者チーム」「ノンコンタクトタイム」「保育のICT化」に関して、資料を集め園内研究会を実施します。

グループワークの進め方
1．6～7名のグループをつくります。皆さんは園の職員です。グループの中で、園長・主任・中堅職員・新人の役割を決めます。
2．3つのテーマから、自分たちにグループでテーマを決めます。
3．今日の司会、今日の記録を決めます。
4．テーマに関して、3つの話題を設定し、各5分ずつ話します。
5．結論を出す必要はなく、対話的であることを意識して話し合いをしましょう。
6．各グループの記録者が、どのような内容の話し合いだったかをクラス全体に発表します。
7．最後に、最初のグループの園長先生の役割の方が、グループワークの感想を言ってください。

ワークシート　保育・教職実践演習		年　　月　　日

（　　　　） グループ	役割：　園長 　　　　主任 　　　　中堅保育士 　　　　新人保育士	司会： 記録：
テーマ		
内容		

4.ドキュメンテーションの実際

⑧保育に関する現代的課題の分析に基づく研究

・ドキュメンテーションとは何かを知る。
・ドキュメンテーションの実践事例を通して、その実際を知る。
・ワークを通してドキュメンテーションを実際に作成し、その練習を行う。

　近年、保育現場においてドキュメンテーションという言葉がすっかり定着しました。本書を読み進めていく中でも何回かこの言葉に触れ、皆さんも何となくの輪郭をつかんできたことでしょう。しかし、ドキュメンテーションを自身で実践していくには若干の戸惑いも抱いていることでしょう。ここでは「ドキュメンテーションとは何か」について触れた後で、ある幼稚園にてその実践を行った事例を紹介します。

（1）ドキュメンテーションとは

　ニューズウィーク誌において（1991年）、世界最高峰の教育方法として紹介されたレッジョ・エミリアにおける保育実践の中で特徴的な方法がドキュメンテーションであり、それ以後、日本の保育現場においてドキュメンテーションという言葉が使われるようになりました。
　岩田と大豆生田は、ドキュメンテーションとは「近年の保育の分野では、写真を効果的に用いて、一人ひとりの子どもの姿を描き出し、発信するもの全般をさしている」[i]と定義しています。さらに「子どもたちの日常のプロセスを可視化し、『見える化』するツールのひとつが『ドキュメンテーション』と呼ばれるものである」としています。同時に「保育の営みを理解し、記述することは、本当に難しいことでもある」とも論じています。
　そもそも保育の営みは絶えず流れ進んでいくものであり、こういった日常の中で一保育者が保育をしつつドキュメンテーション作成を意識することには、そも

そも困難さが生じるのではないかと考えていました。そこで、初めてドキュメンテーションを導入する園を2年間追い続けました。以降、その実態について述べることで、自身が初めて行うドキュメンテーション作成への手がかりが得られることを期待します。

　なお、作成されたドキュメンテーションをきっかけに様々な人々とのコミュニケーションが生まれることが大切です。保育者同士はもちろんのこと、子どもと保育者、保護者と保育者、子どもと保護者といったような様々な関わりの中でドキュメンテーションが語られていきます。ドキュメンテーションを通して、自身の保育の振り返りを行うことはもちろんのこと、絶えず流れ進んでいく中では気付かなかったそのドキュメンテーションで切り取った遊びの本当の面白さに気付くことができるかもしれません。

（2）ドキュメンテーションの実践事例〜M幼稚園の初めての取り組み〜

　研究に協力して頂けたM幼稚園でのドキュメンテーション導入実践事例を紹介します。園長が「教職員全員で無理なくドキュメンテーションを導入するためにはどうしたらいいか」という問いに対して、まずは園長がドキュメンテーションを作成するところから始めてみることにしました。

①ドキュメンテーション…スタート！

　最初に園長が始めたことは、保育の中で"楽しかったこと""うれしいこと""面白い（興味深い）こと"を切り取る、ということでした。切り取り方は写真に収めるという単純な方法を選びました。保育中、深く考えながら（ドキュメンテーションを作らなければ…等）過ごすことは子どものためにもよくないと考え、まず"楽しいこと等を切り取る（だけを考える）"という気持ちで保育を行っていきました。担任兼務の園長でしたので、楽しいことを切り取ることにはやりにくさはなかったようです。園長は次々とその瞬間を写真に収めていきました。

　このようにして収められた写真を利用して、図表4-4のように園長はクラスだよりを作成しました。これがM幼稚園にとって初めてのドキュメンテーションでした。園における日常の営みを保護者向けにお知らせ等で配布したことは以前にももちろんありましたが、ドキュメンテーションとして意識して作成されたものは初めてのことです。これは、保護者と園、子どもと保護者、保護者と教職員、ゆくゆくは地域の人々をつなぐツールとして期待できます。園に関わる全ての人にとって、とても有意義なものになりそうでした。

図表4‐4　初めてのドキュメンテーション

　さらに園長は、切り取った保育の中から"継続的に楽しかったこと（楽しいことが次の日もその次の日も続いていくような）"を厳選しました。あえて少し遡るような形で図表4‐4のドキュメンテーションで紹介したダンチッチハウスに関するドキュメンテーションを作成することとしました。結果的に2枚に渡るドキュメンテーションができあがりました（図表4‐5、4‐6）。

　これは作品展のときに貼りだしました。保護者の反応は上々です。ダンチッチハウスは瞬く間にM幼稚園の流行語となりました。これもドキュメンテーションの効果であるといえます。

②ドキュメンテーションのこれから～導入における諸課題

　園長とはドキュメンテーション導入について話し合いました。ここではその際に出てきた諸課題について述べていきます。

図表4-5　ダンチッチハウスその1

図表4-6　ダンチッチハウスその2

　まずは、そもそも保育中にある場面を切り取る難しさを感じざるを得ないということです。園長としては保育の流れを中断してまで切り取る作業（写真を撮るということ）を行いたくないときもあるとのことです。加えて、切り取るには一保育者としての保育に関するセンス（保育の知識に拠らない）のようなものも必要となるのではないかとの指摘もありました。さらには実質的な時間が必要とも語られました。「今（この瞬間）、写真撮りたい！」といったような場面でいつで

もデジタルカメラ*1を所持しているわけではないということです。

　また、ドキュメンテーションを作成するための時間は、意外にもそれほど多くの時間を必要としないということが分かりました。園長が実際に必要とした時間は1枚につき15〜20分程度でした。それもあるとき（園長が「今、ドキュメンテーションを作ろう」と思い付いたとき）にまとめて作成することが多いため45〜60分程度をかけて2、3枚を作成するといった実態であったと園長は語っています。

　園長は「M幼稚園のドキュメンテーションは始まったばかり。これからは個で作ったものを園全体でどう共有し、それを"私も作れそう"と感じ、ゆくゆくは園の周り（保護者や地域）へと共有していく流れを構築していくかが課題」と言っていました。M幼稚園の挑戦は始まったばかりです。

　自身でドキュメンテーションを作成することは、そう容易ではないかもしれません。しかしながら、ここで紹介した園長のようにまずはチャレンジをして、それを少しずつ精錬していくような過程を踏むことが大切ではないでしょうか。その第一歩を本書で始めてみましょう！

ドキュメンテーションを作成してみましょう

1．子どもたちと実際に遊んだ場面を、写真やイラストで切り取ってみましょう。一場面だけでなく、たくさん切り取っておきましょう。

ヒント

・まずは自身で子どもたちと関わる機会を得る必要があります。以下の機会を利用して写真に収めてみましょう。個人情報保護の観点から写真に収めることが難しい場合はイラストを描いてみましょう。上手でなくてOKです。大切なのはドキュメンテーションをきっかけにコミュニケーションが生まれるということです。ストーリー性を意識して撮影することがポイントです。「この場面がこうなって…最終的にはこうなった」といったようなイメージです。

たとえばこんな場所・機会で…

・学校で行われている子育てひろば等
・日常的に遊ぶ機会があれば近所の子どもたちとの関わり
・実習園と学校の許可があったうえで実習中
・自身の家族との関わり（妹や弟がいれば協力してもらいましょう！）

2．プリントアウトした写真、自身で描いたイラスト等をA4用紙に自由に
　レイアウトしてみましょう。ここでは配置するだけでOKです。

ヒント

・ここで紹介した図表4-5、4-6を参考にしてみましょう。

・左から順番に並べることにとらわれずに配置の仕方を少し工夫してみましょう。円を描くようにジグザグ（上方→下方→上方→下方）に等、自由に配置してみましょう。

・ワーク3で吹き出しや保育者としてのつぶやきを記入します。そのために余白部分を多く残しておきましょう。これらをイメージしながら配置ができる人はそれでOKです。

・A4用紙で収まり切れないほどの場面が溢れている人はA3用紙や画用紙等、どんどん大きな用紙を活用してみましょう。作ってしまえばサイズは後でどうにでもなる時代です。

3．配置した写真やイラストに、吹き出しや保育者（皆さんのことです）
　としてのつぶやきを記入してみましょう。

ヒント

・子どもたちがどんな言葉を発しているか、どんなことを思って遊んでいるのかをイメージしながら記入してみましょう。

・自身の保育者としてのつぶやき（子どもたちへの思い、遊びに対する説明、保育のプロとしての専門的な知識や技術等）[2]を記入してみましょう。

・少し難しいかもしれませんが最初は気楽に記入してみることから始めましょう。作成を繰り返すことで少しずつ上達していくはずです。ここで紹介した図を真似することから始めてもOKです。

＊1　個人情報保護の観点から、あえて園ではデジタルカメラを準備しました。
＊2　誤解を恐れず言えば、「子どもたちや遊びに対する"ツッコミ"もあり」だと思っています。

ドキュメンテーション…始めました!

森の里幼稚園 園長 野津裕子

　このテキストの編著者より「ドキュメンテーション、始めませんか?」と唐突に言われたときには、「え〜〜〜〜!」って思ってしまいました。だって、幼稚園の先生たちって本当に忙しいんですよ。正直なところを伝えると、次のようなことを言われてしまいました。

【ドキュメンテーション、簡単なところからでいいんです】

・先生たち全員で取り組むのではなく、まずは園長（私のことです）から。

・保育を切り取るイメージで写真を収め…。

・楽しいこと、うれしいこと、面白いことを取りあげる感じ。

・分からない中で始めてOK。少しずつ分かりながら取り組むということで。

・いつでも編著者からアドバイス可能。

　こんなフワッとしたことを言われて、見よう見まねで始めてみることになってしまったんです。「ドキュメンテーション…始めました!」って言うよりも「始めることになってしまいました」って感じかな。今こうして改めて考えてみると、うまく乗せられてしまったんですかね（笑）。でも、ドキュメンテーション、始めることができてよかったと思っています。

　テキストでも紹介されていたように、まずはクラス便りを"ドキュメンテーション風"に作ってみました。作るのにはそんな大変なことはなく、15分位でできあがったと記憶しています。これを配布すると、保護者からの反響は想定していましたが、意外なところで思いもよらない影響があったようです。他のクラスの担任教員への影響でした。

【思いもよらない影響】

・「裕子先生（園長ですけど…こう呼ばれています）、それ（ドキュメンテーション風クラスだより）とってもいいですね!」

・「私も真似してみてもいいですか?」

　一教員としてはもちろん、園長としてとてもうれしく思いました。心の中で「そうか、園として始めてみたいこと（ドキュメンテーションに限らずに）って、こんなふうにやってみるといいんだ」と思いました。

　今は、私たちの園でのドキュメンテーション実践記録を研究としてまとめようとしているようです。まあ、せいぜい頑張ってほしいものです（笑）。

多様性のある関わり合いから生まれる保育の楽しさ

三幸学園ぽけっとランド・広島こども保育園 園長 西美佳

(1) 学生ボランティア交流

「人は人と関わり合うことで育ち合う」という言葉をよく耳にします。養成校と保育所の連携とはまさにそのような交流です。本園はこども専門学校1階部分に設置された0歳児クラスから2歳児クラスまでの保育所です。多くの学生が、年間を通して園内で必要な教材製作等を行い、こどもたちの保育に関わるために訪園します。

日頃、見覚えのない学生の訪問に、戸惑う表情で保育者の膝に座り少し離れた場所からチラリと学生の様子を伺う2歳児、初めは距離を保っているものの、少しずつ近づき相手の顔をじっと覗き込む1歳児等、こどもたちの様々な様子がみられます。学生たちもこどもたちの様子を観察し「自分がどのように関わるとこどもは喜ぶのだろうか」と考えながら、少しずつこどもへ歩み寄ります。積極的に関わりをもとうとする学生、園の雰囲気をそのまま受け入れてみようと笑顔で愉しんでいる様子の学生、緊張のためか表情が乏しく、その場に座り込んだままの学生など様々です。

こどもたちは、一人一人の学生の心情から醸し出される様々な雰囲気を敏感に察知し、自らが『この人』と選び、関わり合うことで交流が深まります。「この人（お兄ちゃん、あるいはお姉ちゃん）と関わってみたい」というこども自身の思いと「こどもたちと関わり合いたい」という学生の思いの歩み寄りがあるからこそ、初めてお互いの心通い合う豊かな交流の第一歩へとつながるのです。そして、そのような交流の経験は、後に思わぬ興味の芽生えにつながることがあります。

(2) 学生考案の遊びから芽生えた興味

園行事のコーナー遊びの一つとして、学生たちがモグラ叩き遊びを考案し製作しました。モグラ叩き遊びは、段ボールを逆さにし、底面を地面に見立て、モグラの出る穴をえぐり貫くという造りのものです。空や草原、花などの飾り付けが色紙で丁寧にされていました。モグラは、ペットボトルの底を頭にして茶色のフェルトで縫い合わせるようにカバーしてあり、動く目玉と鼻、口が付いていました。学生が愉しんで製作した様子が伝わる手が込んだ作品です。

保育者より「モグラは、どのようなしくみで動くの？」「実際に遊ぶ行事当日は大勢のこどもたちが遊びに来るけれど、手動の操作で複数のこどもたちの動きに対応できる？」等の質問がありました。「はい。皆でやるので大丈夫です」とリーダーの学生が笑顔で答えました。担当学生たちがモグラの操作やこどもたちへ声かけをする等を分担し、打ち合わせを十分に行いながら取り組む様子が伝わりました。保育者からは、こどもの視線でモグラの動きが把握できるような設置場所を考えた方がよいなどのアドバイスがありました。モグラ叩き遊びは、学生が自身の両手を箱の裏側に隠し、

穴からモグラの頭や顔をキョロキョロさせたり、頭を高く出したりサッと引っ込めたりと操作しました。まるでモグラが生きているかのように見え、こどもたちは喜びました。

　学生と遊んだ数日後、保育室内に残されたこのモグラ叩き遊びの玩具にこどもたちは興味津々で、早速手に取り観察していました。それから数日経ったある日、学生が行っていたように2歳児のこどもがモグラを動かし、1歳児のこどもが金槌型玩具でモグラを叩こうとしている姿がみられました。2歳児のNくんや1歳児のHちゃんは、段ボール穴から、モグラを何度も出し入れし、どのようにすればモグラの頭が高く出て、どのようにすれば、モグラがキョロキョロするのかなどモグラの動きのしくみを何度も試していました。思う存分、遊ぶことで玩具の動きのしくみを学び、学生たちの姿のようにモグラを活き活きと動かしていたのです。

　その後、Nくんは園内の門鍵（かんぬき）の開け閉めの際の動きのしくみに対して、強い興味をもちました。裏入口の門鍵の開け閉めの観察と試行錯誤が続いたため、保育者は様々なタイプの鍵を存分に遊べるコーナーを保育室内に用意しました。保育者考案の遊びだけでは、このようにモノの動きのしくみへの興味の拡がりが予測できませんでしたが、学生考案のユニークな遊びを楽しむ機会がこどもたちの興味対象の拡がりにつながる結果となりました。

第 5 章

保育実践を確認し合う

　本章では、皆さんが保育者となって保育現場に巣立つ前段階として、これまでの学びを通して身に付いているはずの"保育者としての力"を確認するために、模擬保育を行います。保育現場での保育者としての営みは、これまでの学びの集大成であることはいうまでもありません。これまで"身に付けてきたはずの力"を"身に付けた力"として確立するために、本章でしっかりと学んでいきましょう。

　なお、昨今のコロナ禍において、学生同士が授業内で模擬保育を行う場面をもつことに困難が生じました。本章では、筆者が考案した模擬保育実践である"模擬保育インユアルーム"について、その方法と成果についても紹介します。再び困難が生じた際の一つの方法として知っておきましょう。

　さらに、保育者になるため学び合う者同士で、自身が作成した指導計画を添削し合うことを通じて現場での学び合いに生かしていきましょう。

1．模擬保育に主体的に取り組む

「8つのみちしるべ」より達成目標

①自己にとって何が課題であるのか把握する

・模擬保育実践を通し、自身の"保育者としての力"を認識する。
・模擬保育参加者の意見を傾聴し、自身が不足している力を認識する。
・現時点での"保育者としての力"を保育現場に巣立った後も、たえず
　努力し続けることが保育者として成長していくことであると心に誓う。
・不足している力については、認識した時点で修正していく努力、ある
　いは保育現場にて身に付けていく努力を要することを自覚する。

⑤教科・保育内容等の指導力に関する事項

・模擬保育を、自身が保育者になった際の保育実践の準備段階と捉え、
　ここで学んだ知識・技術を就職後にも生かす姿勢を身に付ける。
・指導計画の添削を受けることで、自身がさらに高みを目指すべく指導
　計画を再考することができることを認識する。
・模擬保育や指導計画の添削を通して、自身も保育者として後輩や実習
　生へ指導する立場になることを踏まえ、ここでの学びを生かす姿勢を身
　に付ける。

　保育者役を担う学生を"模擬保育実践者"、子ども役や第三者として観察者とな
る学生を"模擬保育参加者"として、役割を決めて共に学び合う場、それが模擬保
育です。この場を通して自分たちの保育実践を確認し合うことを目的としています。

（1）模擬保育の実際〜コロナ禍における模擬保育〜

　筆者の大学における模擬保育実践の様子を紹介します。本実践は、コロナ禍に
あったため、スクール形式（実践者と参加者が向き合って行う形）で密にならな
いよう距離を保ちつつ、不織布マスク着用のうえで、かつ手渡しする教材等があ
った場合には逐一の消毒をしつつ、感染対策に特化したスタイルで行われました。

なお、模擬保育実践の流れがつかめるようなワークを設定してあります。実際に行うときの参考としてください。

コロナ禍における模擬保育の実践風景

（2）保育のねらい・内容等を周知する（模擬保育実践者）

模擬保育を実践する前に、模擬保育実践者による模擬保育参加者への情報周知を行う必要があります。その方法については様々ある（指導計画を予め配布しておく、口頭で発表する等）とは思いますが、本実践においては黒板に主要な情報を書き込みました。模擬保育の活動名、ねらい、対象年齢、時期、実践者氏名等を主要な情報としました。

模擬保育の主要な情報

（3）模擬保育の実践

　1コマ90分の授業の中で1名20分を所要時間として、最大3名の模擬保育実践者を想定しています。20分の所要時間の中に模擬保育の準備・後片付けを含んでいます。20分の実践が終了した後、実践者と参加者おのおのがその模擬保育に関する所感を記録します（5分）。参加者が記録したものは授業終了後に実践者に渡されます。よいところを7割、改善案を3割程度の記述とすること、傷付けない言葉で表記すること等に留意してください。

　担当教員が20分を厳密に計測しながら行います。これも事前に"20分を必ず使い切る"ことや"20分を超過した場合は突然終了とすることもあり得ること"等を周知したうえで行います。また、隠れ設定として、担当教員が園長や主任の役割を演じることも行いました（3名の教員で担当し、1名を園長、2名を主任としました）。

　実習中に行った部分実習や責任実習とは異なり、限られた時間（20分）での模擬保育実践となるため、いわゆる"行ったていで行う"という実践者によるコーディネートが必要です。「ここは指導計画ではピアノを弾きながら子どもたちと一緒に歌うことになっていますが、（時間が限られているので）行ったつもりで次の活動に移ります」等、参加者に向けて実践者より発信します。もちろん、一緒に歌う活動を模擬保育内で行っても構いません。この場合は他の活動を"行ったていで行う"必要が生じます。いずれにせよ、実践者による適切なコーディネートが求められます。20分間という時間を守って模擬保育を行うことも、保育者に向けた事前準備につながる経験になるでしょう[1]。

（4）模擬保育への総評

　担当教員より、実践者へのアドバイスを行います。貴重な第三者視点からの言葉になります。本書による授業である保育・教職実践演習は、現場の保育や教育に造詣の深い教員が担当していることが多いです。学生はしっかりと記録を取りながら話を聞いていきましょう。また学生同士においては、実践者が参加学生から受け取った記録はおそらく宝物となるはずです。大切に感謝の気持ちをもって受け取りましょう。

---

[1]　保育現場においても模擬保育的な練習を求められます。筆者の勤めていた幼稚園では、子どもたちの誕生会での教職員における出し物（マジックショーを先生2名と私とで）を園長や主任、他の先生たちの前で発表しました。ほかにも新任の先生による、まさに模擬保育を発表し、それに対し他の教職員がアドバイスを行うといった場面がありました。どちらも決められた時間内で行うことを求められました。

模擬保育の事前準備を行いましょう

1．指導計画を作成しましょう。

ヒント

・30～40分程度の部分実習指導計画をイメージして、その中から20分間
　行う部分を決めておきましょう（行う部分にマーカーをしたり、□で囲
　ったりするといいです）。

・（これまでに指導計画をたくさん書いてきたと思うので）ヒントは多く
　必要ないと思います。いつも使用している指導計画の書式を使用するこ
　とを推奨します。

・もちろんここに提示した書式を使用してもOKです。

模擬保育指導計画

日時：　　月　　日　　時　　分　　　　対象年齢：　　歳児

活動名：「　　　　　　　　　　　　　　　　　　　　　　　　」

模擬保育実践者氏名：

子どもの実態			
ねらい			

時間	環境構成	子どもの活動	保育者の動き

2.模擬保育を行う前に、"活動名、ねらい、対象年齢、時期、実践者氏名"等を黒板に板書しましょう。黒板がない場合は事前に指導計画を配布する、口頭で発表する等を行いましょう。

ヒント

・特になし！下記スペースをメモとして利用してください。

活動名：

ねらい：

対象年齢：

時期：

実践者氏名：

その他：

3.模擬保育実践が終了したら、振り返りを行いましょう。

ヒント

・よいところを7割、改善案を3割（実践者であっても参加者であっても）記入するといいです。

・特に参加者は、実践者を傷付けない言葉で記入することを求めます。

①模擬保育実践者（保育者役）振り返り
模擬保育実践者としての振り返り
（うまくいったところ、いかなかったところ、改善点、変更点等）

②模擬保育参加者（子ども役・観察者）振り返り
模擬保育参加者としての振り返り
（よいところを7割、改善案を3割程度の記述にしましょう。傷付けてしまうような表現がないか、今一度確認しましょう）

_____
_____
_____
_____
_____
_____
_____
_____
_____

２．模擬保育インユアルーム

「８つのみちしるべ」より達成目標

①自己にとって何が課題であるのか把握する

・模擬保育実践を通し、自身の"保育者としての力"を認識する。
・模擬保育参加者の意見を傾聴し、自身が不足している力を認識する。
・現時点での"保育者としての力"を保育現場に巣立った後も、たえず努力し続けることが保育者として成長していくことであると心に誓う。
・不足している力については、認識した時点で修正していく努力、あるいは保育現場にて身に付けていく努力を要することを自覚する。

> ### ⑤教科・保育内容等の指導力に関する事項
>
> ・模擬保育を、自身が保育者になった際の保育実践の準備段階と捉え、ここで学んだ知識・技術を就職後にも生かす姿勢を身に付ける。
> ・指導計画の添削を受けることで自身がさらに高みを目指すべく、指導計画を再考することができる。
> ・模擬保育や指導計画の添削を通して、自身も保育者として後輩や実習生へ指導する立場になることを踏まえ、ここでの学びを生かす姿勢を身に付ける。

　筆者の大学にて、2020（令和2）年度前期に開講された"環境指導法"にて実際に行われた（行わざるを得なかった）模擬保育インユアルームの一部をここに紹介します。コロナ禍において唐突に、学生と教員が在宅のままで授業実践ができるよう工夫することが教育業界に求められてきました。学生同士で教員も協働し合って行う予定であった"模擬保育"についても、同様にその工夫を行わざるを得ない状況に置かれました。それについて検討し、辿り着いた答えが"模擬保育インユアルーム"でした。

　模擬保育インユアルームとは、学生一人一人が自身の場所（自宅等）において一人で行う模擬保育スタイルです。端的に言えば、自宅で一人で行う模擬保育です。筆者は、学校において行う模擬保育や実習中に実際に行う担当保育（部分実習や責任実習）の前に自宅で、自身一人でイメージトレーニングをするべきだとかねてより考えています。そしてそれを学生に伝え続けてきました。これは保育現場に立つときも同様のことが言えると思っています。いわば、それを授業形式としたのが模擬保育インユアルームです[1]。

（1）事前準備

　模擬保育を行うにあたって、最も大切な段階は事前準備です。事前準備には様々含まれますが、模擬保育を行うための指導計画案作成、作成した指導計画案を実践に移すために必要な環境設定等がこれに当たります。図表5-1のように、事前準備が模擬保育を行うための最初の段階となり、ここに多くの時間を費やすことが模擬保育実践を実りあるものとするための一つの鍵となります。筆者の経験上、ここに時間を費やすことのない学生や保育者の実践はすぐに見抜くことができます。逆に言えば、事前準備を十分に行ってきたこともすぐに分かります。事前準備を土

＊1　コロナ禍が収束に向かった場合においては、対面での授業として模擬保育を行ってしかるべきです。この場合においては、「自宅」部分を「学校」等に変換してそのまま実践できるよう執筆してあります。

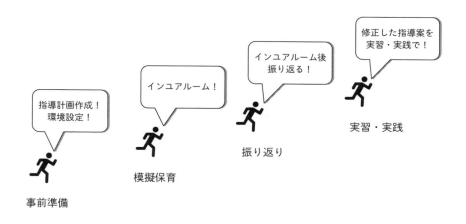

図表 5-1　模擬保育から実践の場へ

台として、模擬保育を実践、振り返り修正したものを実習や実践の場（将来の保育者としての就職先のことです）でさらに修正していくことが、模擬保育を行う目的です。

　事前準備の内容を補足します。本書では、事前準備"その1"として指導計画案を作成すること（第5章1のワークにて作成したものがこれに該当）、事前準備"その2"として環境設定を行うこと、以上の2つとします。指導計画作成については特段ここで述べる必要はないとは思いますが、あえてここでは指導計画とは何度も書き直しを行うべきものであると強調しておきます。後述に沿って、模擬保育インユアルームを行うことでその意義が分かってくると思います。

　次に環境設定については、自宅等においてはおそらく自身がよく分かっている場所で行うことから、いくらか省略できることが多いとは思います。それでも必要な用具（ハサミ、のり等）や教材、人によってはピアノやそれの代わりになるもの等、指導計画に沿って入念に準備を行う必要があるでしょう。なお、学校等（実習先や将来においては勤務先も含めて）においてももちろん実践前に環境設定を行います。日頃使い慣れない場所（実習時、勤務先での1年目等）であれば、特に注意深く行う必要があります。ハサミ、のり等の数量、置き場所や、机や椅子について必要な個数、配置等、空調や温度（部屋の換気を含む）等の確認を怠ることなく、事前準備"その2"として十分に時間を使うことを強く推奨します。

（2）模擬保育インユアルーム、スタート！

　本来、模擬保育を行うためには子ども役、模擬保育実践者（学生自身）の二者が少なくとも必要です。しかしながら、模擬保育インユアルームでは子ども役の存在

を想定していません。学生自身が模擬保育実践者として、（その場には存在しない）子ども役をイメージしながら指導計画に沿って自宅等で行います。家族内で子ども役を募って行ったケースもあります。この場合は子ども役を担った人（兄弟姉妹等）より他者の視点を頂くことができます。

　模擬保育インユアルームの実践過程は、以下のようになります。

---

①事前準備【指導計画作成、環境設定等】を入念に。

②指導計画に沿って、模擬保育インユアルーム、スタート！

　【気付いたことはすぐに指導計画へ直接記録[*2]します】

check!

▶正確に所要時間を測定しましょう。ただし気付いたことを指導計画へ記録するときは測定を中断します。

▶目の前に子どもがいることをイメージしながら行いましょう。

▶実際に声を出して[*3]行いましょう。

▶ゆっくりと、一音一音はっきりと発声しましょう。

③終了したら、所要時間を確認し、これを指導計画へ記録しましょう。

④気付いたことと所要時間を記録した指導計画ができあがります。

---

　④でできあがった「気付いたこと＋所要時間を記録した指導計画」が次のステップへとつながります。詳細は後述しています。なお、所要時間については、作成した指導計画に記した時間よりも短くなってしまうこともあります[*4]。活動毎に区切って（時間計測を止めて）行うのもよい方法です。また、模擬保育インユアルームは一人で行うため、どうしても早口になってしまいます。意識してゆっくりとはっきりと発声することが、実践の場での成果へとつながることになるでしょう。

（3）模擬保育インユアルームを振り返る

　模擬保育を振り返るうえで必要な視点を、自身の視点と他者の視点とします。自身の視点は「気付いたこと＋所要時間を記録した指導計画」から得ることができます。素直に模擬保育インユアルーム中に気付いたことを課題として再度指導計画を見直し、修正（書き直し）をします。なお、所要時間については指導計画にて設定

＊2　指導計画に直接記録します。この方法がベストですが、別紙で記録したい場合にはそれでも構いません。大切なのは自身が行いやすい方法を選ぶことです。

＊3　近所迷惑にならないよう声量や楽器の音量、身体を動かす場合は振動等に配慮しながら行います。

＊4　時間計測を止めるのを忘れてしまい、その結果大きく時間オーバーしてしまうこともあるでしょう。この場合はその分を差し引いて所要時間としましょう。もちろんもう一回模擬保育インユアルームを行ってもいいです。何回もした方がよいでしょう。

した時間内で行うことが大前提となります。時間内でおさまらない場合、オーバーした場合は、いずれにしても修正が必要です。そのためにも正確な時間を模擬保育インユアルーム内で測定することを強く推奨します。

　他者の視点は、授業内にて学生同士で発表し合うことで得ることができます。模擬保育インユアルームにおいては他者からの視点が得られにくい現状にあります。それでも工夫次第では、他者からの視点を得る機会をつくることができます。筆者は、模擬保育インユアルーム実践後に学生へ振り返りのポイントとして3つ（事前準備、模擬保育インユアルームを行ってみて、子ども役からの意見・それを受けての感想*5）を提示、学生より振り返りを聴取、一周後それらをまとめ、筆者の所感を追加したうえで学生へ還元する授業を試みました。この方法であれば、オンライン授業でも対面授業でも実施可能です。もちろん対面授業であればその場でグループワークを導入したり、発表の機会を設けたり、実施方法はいくらでも工夫することができます。この場合においても還元後に学生は指導計画を見直し、修正（書き直し）をする必要があります。

　このように、自身と他者の視点から得られた貴重な情報源をもとに指導計画を修正することで、ようやく実習や保育現場での実践の場でスタートを切ることのできる指導計画へと昇華することができます。逆に言うと、これらを行わずに現場で実践することは準備不足の状態であると言わざるを得ません。

　ここでは3つの振り返りのポイントにて得られた学生からの意見を紹介します。とても貴重で素敵な意見が多く出されました。これらをもとに自身の振り返りと比較・検討を行い、指導計画の修正へと活かしてください。

振り返りのポイント　　　　　　　**事前準備**

・手遊びの練習を事前にもっと行うべきでした。

・絵本の読み聞かせの練習が不十分でした。

・折り紙の折り方を実践する際に、もっと大きい紙を使うべきだと気付きました。事前準備として用意するものだったと反省しました。

・子どもが製作するものについて、事前に見本を作っておくべきでした。

・環境設定を行うにあたって、部屋の掃除も兼ねることができました。

・秋を想定した指導計画を作成したため、その素材集めに無理が生じてしまいました（模擬保育インユアルーム実施時期は5月でした）。そのため初夏を感じる内容に変更しました。これに気付くことができたのは、

---

*5　子ども役を担う人がいた場合のみ。実際は多くの学生が家族内で子ども役を設定していました。

第5章　保育実践を確認し合う

模擬保育インユアルームを行ったおかげだと感じています。

・（実践する予定の）クラスでよく歌われている歌を事前に把握すべきだと感じました。

・子どもの実態を直接聞くことができないながらも、他の保育者からの助言や、教科書等を参考に十分に考えたうえで指導案を作成しました。

・何度も頭の中でイメージして模擬保育インユアルーム実践に臨みましたが、自身の甘さを痛感しました。子ども役や見ている人（教員等）がいないから緊張しないで済むといった甘えがあったように思います。実践ではまったく通用しないと感じてしまいました[*6]。

・起こり得るハプニングに対する準備も行いました。

振り返りのポイント　模擬保育インユアルームを行ってみて

・ストップウォッチを使って時間を正確に図りましたが、想定よりも時間が多くかかってしまいました。

・簡単な合奏を計画しましたが、楽器をどの位置に置くか、渡すタイミング、回収のタイミング等、模擬保育インユアルーム内でおたおたしてしまいました。準備がおろそかになっていたと気付きました。

・指導計画にはない言葉をかけることもできました。自身のこれまでの成長を少し実感することができました。

・事前準備を十分に行ったつもりで模擬保育インユアルームを行いましたが、本番ではあまり活かすことができなかったと思います[*7]。

・学校で行うよりも恥ずかしさが70％減でした。

・子どもが理解できるような言い回しを行うことに難しさを感じました。

・どうしても早口になってしまいました。

・子ども役がいないことによる難しさがありました。間の取りかた、リアクションがない中で何かを話すこと等、本当に難しかったです。

・コロナ禍で、子ども役がいてできるとか、実習そのものができるとか、それ自体がとても貴重な時間であるということがよく分かりました。

・模擬保育インユアルームだと何回も行うことができました。

＊6　この所感を抱くことができた、それが財産です。もちろん授業内でもこのように伝えています。
＊7　模擬保育インユアルームの段階でこういったことに気付くことこそ、これを行う意義があるということです。

振り返りのポイント　子ども役からの意見・それを受けての感想

- ・分かりやすくてよかったです。
- ・声がよく出ていました。
- ・いじわるな質問をしてきました。これに対応するのに右往左往しました*⁸。
- ・絵本が少しずつ上になってしまっていました。
- ・そばにきて丁寧に教えてくれたのがよかったです。
- ・アドバイスをたくさんもらいました。これを受けて、少しは自信をもって実習に臨むことができます。
- ・次（2回目）は母に参加してもらおうと思いました。
- ・意外と（子ども向けのクイズが）分からなくて楽しかったです。
- ・ぬいぐるみや人形を子ども役に見立てて置いて行いました。
- ・「いつものあなたじゃないみたいで面白かった」と言われました。
- ・5歳児の妹を子ども役にしました。「次は？またやりたい」と言ってくれました。素直にうれしい。

第5章 保育実践を確認し合う

　こういった気付きが、模擬保育インユアルームの段階で得られることができたことこそ、自身の財産となります。自身の経験として得られるよう、事前準備を十分に行ったうえで、模擬保育インユアルームに取り組んでみましょう。

ワーク

模擬保育インユアルームに取り組んでみましょう

1．第5章1のワークにて作成した指導計画を手元に置きましょう。作成したことを含めて、これを事前準備"その1"とします。

2．事前準備"その2"として、模擬保育インユアルームを行う場所の環境設定を行いましょう。

ヒント

- ・指導計画に沿って、必要な用具（ハサミ、のり、使用する場合においては楽器類等）を準備します。
- ・机や椅子の配置（こちらはイメージでOK）を行います。
- ・必要に応じて換気を行います。子ども役を設定した場合は必須*⁹です。

＊8　子ども役は子どもとしての参加を願いたいものです。気付いたこと、伝えたいことは模擬保育インユアルーム中ではなく終了後に行うといいでしょう。

・これは実際に行わなくても構いませんが、先述の学生からの意見にあったように、子どもをイメージしてぬいぐるみをいくつか配置するのもよいアイデアです。

3．事前準備の仕上げとして、頭の中で模擬保育インユアルームをイメージしましょう。

💡ヒント
・事前準備"その1""その2"を行ったうえで、実際に模擬保育インユアルームを行う場所にてイメージを膨らませます。
・指導計画に沿って最初から最後まで、頭の中で保育を行うといったイメージです。
・2〜3回、繰り返し行うとよいです。

4．模擬保育インユアルームを実際に行ってみましょう。

💡ヒント
・p.150の █check!█ に沿って行います。所要時間測定、子どもがいるイメージをもつ、実際に声を出す、ゆっくりとはっきりと発声する、といったことです。
・気付いたことはすぐに指導計画に直接記録します。時間測定をストップするのを忘れずに！

5．ワーク4で結果的に作成された「気付いたこと＋所要時間を記録した指導計画」をもとに、模擬保育インユアルームの振り返りを行いましょう。振り返りの3つのポイント（事前準備、模擬保育インユアルームを行ってみて、子ども役からの意見・それを受けての感想）に沿った簡単な記録フォームを用意しました。こちらに記入してみましょう[10]。

💡ヒント
・紹介してある学生の意見と比較しながら、記入するとよいです。
・きっとこの段階では、事前準備の大切さをよく理解しながら取り組んでいると思います。この思いを次のワークに活かしましょう。

＊9　友人とともに行う場合など、他者がいる場合、新型コロナウイルス感染症対策を行う必要もあります。
＊10　「気付いたこと＋所要時間を記録した指導計画」に直接書き込んだ方がよいと自身で判断した場合はそれで構いません。大切なのは自身が行いやすいかどうかです。

ワーク

■ 振り返りのポイント ▶ 事前準備

_____

_____

_____

_____

■ 振り返りのポイント ▶ 模擬保育インユアルームを行ってみて

_____

_____

_____

_____

_____

■ 振り返りのポイント ▶ 子ども役からの意見・それを受けての感想（子ども役を設定していない場合は記入しなくてOK！）

_____

_____

_____

_____

_____

6．指導計画を修正しましょう。書き直しがベストです。

💡**ヒント**

・あらためて指導計画の書き直しをぜひ行いましょう。

・時間に余裕がある場合には、２からもう一度模擬保育インユアルームを行ってみましょう。これを行えれば事前準備は十分に行えたと胸を張ってOKです！

3. "指導計画の打ち合わせ" の先行体験

④幼児児童生徒理解や学級経営等に関する事項

・自身が作成した指導計画を他者に添削してもらうことで、添削された部分にこそ重要な視点が得られることを学ぶ。
・他者が作成した指導計画を自身が添削することにおいても、重要な視点が得られることを学ぶ。
・他者の指導計画を添削した経験こそ、今後の保育者としての仕事の一つである実習生指導につながることを認識する。

　引き続き、実際に行った授業実践を紹介します。実習生（学生）と実習園の実習担当教職員（園長や副園長、主任、クラス担任等）とで実際に "指導計画の打ち合わせ" を行う場面を、学生と教員とで授業内でロールプレイを行いました。そのねらいは、"指導計画打ち合わせ" の先行体験を積んでおくこと、ロールプレイを他の学生が第三者として観察すること、この2点です。実習中には、多くの学生が実習担当教職員と指導計画の打ち合わせをすることに対し、緊張してしまうことと思います。授業内で先行体験を積んでおくことは、その緊張を和らげる大きな効果が期待できることでしょう。また、その様子を観察する他学生にとっては、実際にどんな様子で指導計画打ち合わせが行われていくのかを知る、とても貴重な先行体験となり得ます。

（1）ロールプレイの実際

　ここでも事前準備がとても重要です。5章2を踏まえ、指導計画の打ち合わせに向けて、十分に時間をかけて事前準備を行いましょう。その結果、作成された指導計画を授業に持参し、学生が実習生、教員が実習園の先生になりきってロールプレイを行います。その手順は次の通りです。

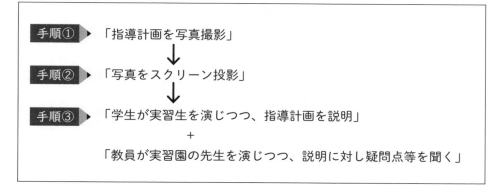

　学生と教員とで指導計画についての意見のやりとりを行います。実際に使用したスライド内容を図表5-2、5-3に示しておきます。

　学生は実習生になりきって指導計画の説明を行い、教員は実習園の先生になりきって説明を聞き、他学生はその様子を第三者として観察します。この状態が、"指導計画の打ち合わせのロールプレイ"です。

　学生は教員に分かりやすく伝わるよう、丁寧に伝えるよう努めます。具体的には自身が想定している子どもの実態[*1]、そこから生まれたねらい、それを達成するために行う内容の順に説明を行います。教員は学生の説明を聞きながら、逐一質問やアドバイスを加えていきます。「なぜそうしようと思ったのか」等の質問に対しては改めて丁寧に学生から説明を加えます。「ここはもっと○○するといい」等のアドバイスは指導計画へ直接記録します。他学生はこの様子を観察しつつ、自身の指導計画作成やロールプレイに活かせるようなヒントを見つけ、それを記録していきます。なお、実際にはロールプレイを行いたい学生が立候補する形式を取っています。ちなみに教員として困ってしまったことはありませんでした。

○"指導計画打ち合わせ"ロールプレイ

▶学校で学んできたことを指導計画に盛り込む
▶授業のイメージ「指導案を実習先の先生に見て頂く」
　①その場で指導計画を写真撮影
　②写真をスクリーン投影
　③指導計画作成者が上記イメージで発表
　④実習先の先生（教員）よりアドバイス
　⑤元気よく…ありがとうございました
▶"自分ならでは"の指導案を目指して…

図表5-2　ロールプレイ導入時スライド

○"指導計画打ち合わせ"ロールプレイ

▶イメージ（下記をロールプレイします）
　時：実習中 or 就職後　場所：保育現場（クラスや職員室）
　内容：あなたが作成した指導案について、担当教職員から説明を求められている
▶方法：教壇で上記を行う
　①その場で行う。指導計画を準備
　②写真を撮り、それをスクリーンに映す
　③学生による説明の後、意見交換
▶その他：10分程度を目安、最初の人は大変かも…

図表5-3　ロールプレイ実践時スライド

*1　このロールプレイは学校で行うため、真の子どもの実態を理解しつつ指導計画を作成することはできません（目の前に子どもがいないということです）。自身で子どもの姿をイメージして記述する必要があります。この指導計画を保育現場で活用する場合には、改めて子どもの姿を捉え直す必要があります。これも指導計画を修正する作業となります。

（2）学生にとって期待できる効果

　先述したねらいの通り、ロールプレイを行った学生は、指導計画の打ち合わせを先行体験することができます。結果、実習中に想定される同場面における緊張感の軽減効果が期待できます。単純な効果ではありますが、自身にとってはこのうえなく心強い経験となるでしょう。また、先行体験時に得た教員からのアドバイスや自身の気付きにより過不足部分の修正をすることで、より実習に耐え得る（保育現場の担当教職員が納得できる）指導計画へと変貌を遂げるでしょう。

　一方、第三者としてロールプレイを観察する学生にとっては、とても貴重な体験ができる機会であると捉えることができます。他者が指導計画について説明する様子や、その際の雰囲気等から得ることができるものは実に貴重です。観察対象者が増えていくことで、その貴重な体験も増えていきます。実際にはこういったシチュエーションは、そう滅多に遭遇できる機会はありません。逃さぬよう、第三者としての記録を積極的に取っていきましょう。

（3）指導計画を説明するための“コツ”

　学生は、子どもの実態⇒ねらい⇒内容の順に説明を行いますが、その際のコツのようなものを伝えておきます。

　まず1つは、手順（製作やゲーム等における）を指導計画上に分かりやすく記述しておくということです。指導計画を見る教職員が説明を受ける際には、たとえば製作をする場合には「何をどうやって作るのか」、ゲームをする場合には「どういった流れで行うのか」等、その手順を正確に計画しているかどうか、さらには指導計画の読み手に伝わるよう分かりやすく記述されているか、これらを重視しながら聞こうとしています。教職員の立場として（学生を指導・援助する側として）、実際に指導計画に沿った保育が展開される際にそのフォローアップをどう準備しておくかを考えているからです。その手順が具体的でなかったり、指導計画上のどこに記述されているか分からなかったりすると、指導計画を見る側としては質問せざるを得ない状況となってしまいます。そしてこの類の質問は消極的な質問[*2]となってしまいます。具体的なコツとしては、“（指導計画に手順が既に記述してある状態でさらに）手順のみピックアップして記述しておく”ことです。図表5-4のようなイメージです。このイメージは手順をピックアップしたものであり、これに対するより詳細な記述（子どもの動きや実習生の動き等）は指導計画に既述してあることが大前提です。記述場所は指導計画内のどこでも構いません。大切なのは、指導計画

---

*2　本来、見る側から聞かなくても説明があるべきものと捉えているからです。

を見る側へよく伝わるよう配置しておくということです。

```
ペンダントの作り方、手順
①シールにマジックペンで丸をかく
②ハサミで線に沿って切る
③事前に作ってあるメダルにシールを貼る
```

図表 5-4　手順記述例

　もう 1 つ、コツを伝授すると、それは"見本（製作物の場合）を必ず作成し持参する"ということです。これ以上の説明は必要ないと思っています。とにかく、子どもとともに作ろうと計画したものを、見本として事前に自身で作成しておく、それを指導計画の打ち合わせの際に持参することが肝要です。

指導計画の打ち合わせのロールプレイに取り組んでみましょう

１．作成した指導計画（第 5 章 1 で作成したもので OK）について、リストに沿って自身ができているかどうかチェックしておきましょう。

ヒント
・これも事前準備の一部です。ここで漏れなく準備することが大切です。
・チェックが入っていない箇所についてはよく確認を行い、その準備を完了させます。全てのリストにチェックが入るまで事前準備は終わりません。ファイトです！
・製作やゲームに関するチェックリストは、自身がそれを行わない場合はもちろんチェックを入れなくて OK です。必要なチェックが入った時点でワーク 2 へ進みましょう。

　指導計画の打ち合わせに向けたチェックリスト
□ 子どもの実態（自身のイメージで OK）を記述し、これについて説明ができる。
□ 子どもの実態に沿ったねらいを設定し、これについて説明ができる。
□ ねらいを達成するための内容（保育の流れ）を記述し、これについては伝えたいポイントとする箇所（自身で設定して OK）を説明できる。
□ 製作やゲームをする際は、その手順を指導計画に詳細を記述している。
□ 上記手順を別途分かりやすくピックアップして記述している。
□ 製作物がある場合はその見本を作成してある。
□ 指導計画の打ち合わせへのイメージトレーニングや練習をしている。

2．指導計画の打ち合わせのロールプレイを行ってみましょう。

💡ヒント
・ワーク1で取り組んだことを胸に、教員と一緒に行ってみましょう。
・様々な事情で教員がいない場合は、友人同士で行ってみましょう。
・ロールプレイ中のアドバイスや質問への答え等は、その場で指導計画へ
　直接記述しましょう。ワーク3への布石となります。

3．ロールプレイ中に得られたアドバイスや質問、答えについて以下にま
　　とめておきましょう。

💡ヒント
・ここに記述したことが、今回のロールプレイで得られた先行体験です。

ロールプレイ中に得られたアドバイス（箇条書きでOK）

ロールプレイ中にあった質問

質問に対する答え

4．ワーク3をもとに、改めて指導計画を修正しましょう。

💡ヒント
・修正し終えた指導計画こそ "実習に耐え得る指導計画" となります。

実践授業を受けて、得た学び、得た喜び

伊勢原ひかり幼稚園 菅沼絵美

就職してから5か月目です。まだ5か月目かという気持ちと、もう5か月か……という気持ちです。野津先生の授業で、最も印象に残っていることは2つあります。

まず、1つ目（得た学び）は"事前準備の大切さ"です。これは、現場に出てからも私自身が常に大切にしていることの1つです。事前準備をする、と一言で言っても、事前準備の中には様々な工程があります。その中で、気付かされたことは『しない子どもがいたら、どうする？』という野津先生の一言でした。それまでは、指導計画を立てるときに、『○○をする』というねらいがあったとしたら、"する"ことばかりを重点的に考えていたように思います。しかし"しない子ども"に対して、どういう声かけを行うのか、どういうアクションを取るのか、それも含めて一つ一つ丁寧に想定していくことが『事前準備』なのだと私は理解しています。その視点を得ることにより、実際の現場では、子どもたちのことを、少しだけ、余裕をもってみられるようになったのではないかと感じています。さらに、"まったく違うことをする子どもがいたら、どうするか？"など、考える幅は無限に広がるのですが、それでも想像の枠を超えていろいろなことが起こるのが、保育の現場の面白さなのかな、とも思います（今は、面白く感じている余裕はまったくありません…）。私は指導計画立案段階で、〈予想される子どもの活動〉の欄を、たくさん書けるように注力していました。ここを充実させておくと、自ずと〈保育者（実習生）の援助・配慮点〉も埋まり、様々な脳内シミュレーションが行えます。さらに、環境構成にも配慮が及ぶので、全体的に、指導計画の内容が充実するように思います。

2つ目（得た喜び）は、"第三者からの気付きをもらえ、他の学生がロールプレイしている姿から学べる"ことです。これは、子ども役の学生の視点からしかもらえない、大変貴重な意見です。たとえば、"時計の針をもう少し太くした方がよい"や"文字が少し見えにくい"などは、実際の子ども視点から見たときにしか気付けない、大変貴重なアドバイスとして、次回の保育での改善点につながります。また、よかった点も文字で書いてもらえるので、手元に残り、やる気にもつながります。また、他の学生がロールプレイしている様子をみることは、全てが全て気付きにつながり、非常に貴重な時間です。私はこの授業で、知らない絵本をたくさん知ることができましたし、クラフトパンチやスケッチブックの使い方などを学友からたくさん勉強させてもらいました。同じ製作をしていても、導入の仕方や伝え方で伝わり方は違うことも経験しました。

この実践授業では、子どものことをたくさん考えます。まだ、経験の少ない私ですが、こうしてこの授業に向き合い得たものは、今でも確かに私の中に残っていると確信します。同じ時期に、ロールプレイをした学生たちが、今も、素敵な笑顔で、子どもたちと関わっていることを心から願っています。

第 6 章

まとめ

〜これからの保育を担う皆さんへ〜

学習の目的

　本章では、これからの保育を担う皆さんに向けて、いくつかのメッセージを伝えていきます。視点は"皆さんが子どもたちに聞かれておそらく困ってしまうこと"です。これを"子どもと一緒に学生も命の尊さについて考える"機会とします。

　これまで同様にワークも準備しています。保育現場へ巣立つ準備段階における最後のワークとなります。ここで取り組んだ末に導きだした正解でも不正解でもない答えを胸にしまって、保育現場にてこれを実践してみてください。必ず役に立つことでしょう。

これからの保育者
～子どもが語る「いのちってなに!?」～

「８つのみちしるべ」より達成目標

⑧保育に関する現代的課題の分析に基づく研究

・様々な場面で取りあげられる"命の尊さ"について、じっくりと丁寧に考える時間を確保する。
・正解でも不正解でもない自身の答えをもち寄って仲間たちと意見交換を行う中で、他者の意見を自身の答えに反映させる。
・他者の意見を組み込んだ末に導きだした答えを将来の保育現場で実践に移すために、心と身体の準備を行う。

（１）直近の世界情勢より…子どもから出た疑問

"せんせい、ろしあのひとってわるいひとなの？"

　これが筆者が子どもから聞かれて困ってしまったことです。長く保育現場に身を置いていますが、こんなことを聞かれたのは初めてでした。すぐに答えることができなかったので「少し待っててね」と言い残し、一人悩み込み始めてしまいました。子どもたちから聞かれることについて、おおよそのことはすぐに返答しながら関わり続けることができるといった自信のようなものをもっています。したがって、こんな経験（答えに窮するような）をしたのは実に久しぶりでした。

（２）一番難しい、子どもからの問い

"いのちってなに!?"

　答えに窮するような経験が過去にはいくつもありました。そのうちの一つに"せんせい、いのちってなに!?"といった類の問いです。もちろん子どもはもう少し分かりやすい言葉で伝えてきます。「むしさん、なんでしんじゃったの？」「なんで、おはなかれちゃったの？」といった感じです。さて、学生の皆さんはこの問いにどう答えていきますか。後ほど、ワークを通して仲間と一緒に考えてみましょう。

　筆者が若いころ、子どもたちへ伝えてしまった答えを2つここに紹介します。そして、この答えは間違いだと思っています。くれぐれも真似しないように願います。1つは「胸に手を当ててみようか」⇒「これが命だよ」、もう1つは「手をつないでみようか、温かいでしょ？」⇒「これが命だよ」です。どちらも命を示すには的確な表現ではないことに、子どもたちに伝えている最中にすでに葛藤していました。前者は心臓のことであるし、後者は体温のことです。どちらも命そのものを示すような表現とはなっていないと確信しました。そして…子どもたちへこのように伝えてしまった後すぐ、様々な本を読み漁り、行き着いた新たな答えが「命に関する絵本を読む」ということでした。

（3）"いのちってなに!?"へのヒント

"保育者が真剣に命の尊さについて考えておく"

　子どもが花や昆虫の命の尊さについて考えるということは、自身の命はもちろんのこと、自分の周りにいる人たちの命の尊さについて考えることにもつながっていきます。子どもが命の尊さに触れるその瞬間、最も近くにいる大人が保育者である場合が多いことを自覚するべきです。したがって、大人である保育者自身も命の尊さについて事前にじっくりと丁寧に考えておく必要があります。

　命の尊さを考えるにあたって、一つだけヒントを差しあげます。それは「命のつながりを知っておく」ということです。

　自身の命は自身のものだけではないということを知るべきです。命が存在するのは、両親が間違いなく生み育てたからこそです。さらにさかのぼれば、両親の両親が間違いなく両親を生み育てたからこそ、両親の命が存在するということになります。言葉遊びのような文章になってしまいましたが、命というものはさかのぼっていくと気が遠くなるほどの命とつながっていくのです。

（4）学生が今できること

"子どもから聞かれて困りそうなことを今のうちに考えておく"

　子どもからの問いに対して困ってしまったとき、じっくりと時間を使うことができない場面がきっと多いだろうと思っています。だからこそその時間を今、確保すべきです。この後にワークを用意してあります。学生のうちに、時間をじっくりと使えるうちに今こそワークにて丁寧に取り組んでおきましょう。

子どもたちに聞かれたら困りそうなこと…
今のうち考えておきましょう

1.「なんで、おはなかれちゃったの？」と聞かれたら、皆さんはどうし
　　ますか。下記スペースに記入しましょう。

💡ヒント

・実際にどんな言葉で話をするのか、今ならじっくり考えることができま
　す。保育現場に立ったとき、急に聞かれる様々なことはじっくりと考え
　て話す時間がないかもしれません。今がチャンスです！
・言葉でなくてもOKです。皆さんはどんなことを通して"いのち"を子
　どもに伝えますか。
・一つの答えでなく、いくつか答えを考えておくと、次のワークをとても行
　いやすくなります。箇条書きでたくさんの答えを用意しておきましょう。

「なんで、おはなかれちゃったの？」と聞かれたら…あなたの答え

_____

_____

_____

_____

_____

2.授業内、あるいは仲間同士で意見交換をしてみましょう。下記スペー
　　スに一人ずつの意見を記入しましょう。

💡ヒント

・3〜4人程度のグループワークに取り組んでみましょう。
・一人ずつ、一つずつ"あなたの答え"を仲間に伝えていきましょう。ど
　の意見もとても貴重なものです。これを何回か繰り返し行います。

（　　　　）さんの答え

_____

_____

_____

（　　　　）さんの答え

（　　　　）さんの答え

3．最後に、仲間と出し合った意見をまとめておきましょう。

🔆ヒント

・ワーク2で記入したたくさんの答えをもとに、皆さんなりにまとめておきましょう。

・まとめるのが苦手な学生は「たくさん出た答えから私ができそうなこと」ランキングを作ってみましょう。全ての意見のランキングを作成する必要はありません。

・これは正解がないワークです。ここで記入したものが仲間と意見交換した末に辿り着いた "あなたのいくつかの答え" となります。これをもって保育現場へ巣立っていってください。応援しています。

"私の答え"

これからの幼稚園の先生

森の里幼稚園 園長 野津裕子

　このテキストを読んでみると、「今の学生は学ばないといけないことが本当に多いんだなあ」と感じます。私が学生のころは、教職実践演習なんて科目はありませんでした。また、実習に関する授業はありましたが、日誌や指導案の授業なんてあまり記憶になく、ある日突然「実習行ってきなさい、これが日誌です」と言われて「ああ、行かなきゃ」と思った記憶しかありません。随分と前のことですから思い違いかもしれませんが（笑）。

　学ばないといけないことが多くなったと思う反面、「今の学生はこんなことも分からないのか、できないのか」って思うことが正直言って…あります。ガスの元栓を閉めたことがない、おうちのお掃除（特にトイレ掃除です）もしたことがない、草むしりをしたことがない等々、いろいろな実習生や新人の先生に出会いました。

　そこで、よーく考えてみたら気付いたことがありました。今の学生ができないことって、全部"それをした経験がない"ってことなんですよね。ある日、実習生から電話があって何を話すにもたどたどしい状況でしたが、「私、初めてなんです、初めての人（私のことです。知らない人っていうことですよね）に電話をかけるの」と言われ、その瞬間、妙に納得した自分がいました。今の学生って知らない人に電話をかける機会なんてないんですよね。そして"経験がない"ことって実習生のせいではなく、社会のせいだって思うんです。このためでしょうか、学校ではこういった経験がないことを経験できるような授業を行っていると聞きます。雑巾の絞り方やプリントのまとめ方を教える学校もあるって聞きました。

　こうなると園長としては、大学ではもっと保育の専門的な知識・技術を学んでほしいなんて思う、私はそんな勝手な人間です（笑）。

　これからの幼稚園の先生って、"経験がない"ことを、仕事を通して少しずつ経験し、それを身に付けながら成長していく人であるべきだと思っています。だから、何だって学校や家庭で完璧にできる必要はなくって、むしろ経験がないってことを自覚して、それを学ぼうとする姿勢を身に付けておいてほしいなって思うんです。

　でもね…"経験がない"ってことをドヤ顔で表現されてしまうとイラっとしてしまうかな。そこだけは気を付けてほしいなって思います。

引用・参考文献

「教職実践演習（仮称）について、科目の趣旨・ねらい」と「保育士養成課程を構成する各教科目の目標及び教授内容」の本書における対応表

引用文献

＊i　文部科学省中央教育審議会「別添1 教職実践演習（仮称）について」「今後の教員養成・免許制度の在り方について（答申）」2006　https://www.mext.go.jp/b_menu/shingi/chukyo/chukyo0/toushin/1212707.htm(2022/10/14)

＊ii　厚生労働省「別紙3 教科目の教授内容　別添1 保育実践演習」「指定保育士養成施設の指定及び運営の基準について」2018, p.47

第1章
引用文献

1.

＊i　文部科学省中央教育審議会「今後の教員養成・免許制度の在り方について（答申）」2006

＊ii　文部科学省中央教育審議会　前掲出, 2006

＊iii　厚生労働省「指定保育士養成施設の指定及び運営の基準について」2018

＊iv　文部科学省中央教育審議会　前掲出, 2006

2.

＊i　文部科学省『教職課程認定申請の手引き（教員の免許状授与の所要資格を得させるための大学の課程認定申請の手引き）』p.214

＊ii　文部科学省　前掲出, p.208

＊iii　文部科学省　前掲出, pp.211-213

3.

＊i　文部科学省「幼稚園教育要領 第1章第4, 3(7)」2018

＊ii　文部科学省「幼稚園教育要領解説」2018, pp.116-117

＊iii　厚生労働省「保育所保育指針 第1章1, (1)エ」2018

＊iv　厚生労働省「保育所保育指針解説」2018, p.17

5.

＊i　石川昭義・小原敏郎（編著）『保育者のためのキャリア形成論』建帛社,2015, pp.121-122

＊ii　教育再生実行会議『これからの時代に求められる資質・能力と、それを培う教育、教師の在り方について（第七次提言）』「これからの時代を生きる人に必要とされる資質・能力〜求められる人材像〜」2015

コラム（宮川萬寿美）

＊i　神蔵幸子・中川秋美（編著）『保育を支える生活の基礎：豊かな環境のつくり手として』萌文書林, 2018

第2章
引用文献

1.

＊i　OECD（編著),秋田喜代美ほか（訳)『OECD保育の質向上白書』明石書店, 2019, p15

2.

* i 文部科学省「新幼稚園教育要領のポイント」2017, p.9
https://www.mext.go.jp/b_menu/shingi/chousa/shisetu/044/001/shiryo/__icsFiles/afieldfi
le/2017/08/28/1394385_003.pdf（2022/10/06）

3.

* i , ii , iii , iv 文部科学省「幼稚園教育要領解説」フレーベル館, 2018, p.34, p28, p114
* v 厚生労働省「保育所における自己評価ガイドライン（2020年改訂版）」2020, p15
* vi 河邉貴子「「驚き」や「喜び」を記録し、子どもの育ちを読み取って次の援助につなげる」『これ
からの幼児教育』ベネッセ教育総合研究所, 2019, p3

4.

* i 大宮勇雄『学びの物語の保育実践』ひとなる書房, 2010, p.19
* ii 太田素子「レッジョ・エミリア・アプローチとの対話：20世紀日本の幼児教育をふりかえる」『和
光大学総合文化研究所年報 東西南北』2014, pp.125-127
* iii 中坪史典（編）『子ども理解のメソドロジー：実践者のための「質的実践研究」アイディアブック』
ナカニシヤ出版, 2018, p.99
* iv 西坂小百合・岩立京子・松井智子「幼児の非認知能力と認知能力、家庭での関わりの関係」『共
立女子大学家政学部紀要』第63号, 2017, p.135
* v 則近千尋・唐音啓・遠藤利彦「幼児期における非認知能力プログラムの近年の動向」『東京大学
大学院教育学研究科紀要』第60巻, 2021, p.118
* vi 則近・唐・遠藤 前掲出, p.117
* vii 大豆生田啓友・大豆生田千夏『非認知能力を育てるあそびのレシピ：0歳～5歳児のあと伸びす
る力を高める』講談社, 2019, pp.13-15
* viii 汐見稔幸・井桁容子・山中健司・伊東世光・朝比奈太郎「第61回全国私立保育園研究大会シンポ
ジウム報告 非認知能力と3要領・改定（訂）における10の姿について：乳幼児期の保育実践から
考える」『保育通信』No.763, 2018, p.72
* ix 福元真由美（編）『はじめての子ども教育原理』有斐閣, 2017, p.59
* x 福元（編） 前掲出, p59
* xi 菊地紫乃・内田伸子「子ども中心の保育：子どもの主体性を大切にする援助」『教育総合研究：
江戸川大学教職課程センター紀要』1, 2012, p.9
* xii 福元（編） 前掲出, 2017, p.59
* xiii 中坪（編） 前掲出, 2018, p.104
* xiv 大宮 前掲出, 2010, pp.59-63

参考文献

・森田浩章ほか（編著）『光の中へ：レッジョ・エミリア市の幼年学校の子どもたちに魅せられて』つ
なん出版, 2016
・森眞理『レッジョ・エミリアからのおくりもの』フレーベル館, 2013
・七木田敦・ジュディス・ダンカン（編著）『「子育て先進国」ニュージーランドの保育』福村出版, 2015
・大橋節子ほか（編著）『テ・ファーリキ』建帛社, 2021
・文部科学省（編）『幼稚園教育要領』フレーベル館, 2017
・磯部裕子「保育における計画論」日本保育学会（編）『保育学講座3 保育の営み：子ども理解と内
容・方法』東京大学出版会, 2016
・請川滋大・髙橋健介・相馬靖明（編著）『保育におけるドキュメンテーションの活用』ななみ書房, 2016
・北野幸子（監著）, 大阪府私立幼稚園連盟第26次プロジェクトメンバー『子どもと保育者でつくる育
ちの記録：あそびの中の育ちを可視化する』日本標準, 2020

- 厚生労働省「保育所保育指針解説」フレーベル館, 2018
- 内閣府・文部科学省・厚生労働省「幼保連携型認定こども園教育・保育要領」フレーベル館, 2017
- 宮川萬寿美（編著）『保育の計画と評価：豊富な例で1からわかる』萌文書林, 2019
- 文部科学省（編）『幼児の思いをつなぐ指導計画の作成と保育の展開』チャイルド本社, 2021
- ジェームズ・J・ヘックマン（著），古草秀子（訳）『幼児教育の経済学』東洋経済新報社, 2015
- 文部科学省・厚生労働省・内閣府（編）『幼稚園教育要領』『保育所保育指針』『幼保連携型認定こども園教育・保育要領』チャイルド本社, 2017
- バーバラ・ロゴフ（著），當眞千賀子（訳）『文化的営みとしての発達：個人、世代、コミュニティ』新曜社, 2006
- 河邉貴子・田代幸代（編著）『目指せ、保育記録の達人！』フレーベル館, 2016
- 鯨岡峻・鯨岡和子『保育のためのエピソード記述入門』ミネルヴァ書房, 2007

第3章

参考文献

- 吉田眞理『子育て支援』青踏社, 2019
- 矢萩恭子（編），秋田喜代美・馬場耕一郎（監）『保育士等キャリアアップ研修テキスト6　第2版　保護者支援・子育て支援』中央法規出版, 2020

第4章

引用文献

2.
＊ⅰ　大豆生田啓友（編）『「語り合い」で保育が変わる』学研教育みらい, 2020, p.6
＊ⅱ　高橋健介「カリキュラム・マネジメントとノンコンタクト・タイム」『日本保育学会会報』171, 2018
＊ⅲ　三幸学園チャイルドケア事業部「三幸学園ぽけっとランドこども未来会議の発表資料」2019, 2021

3.
＊ⅰ　高橋佑介「第14章 3. ICTの活用」野津直樹・宮川萬寿美（編著）『保育者論』萌文書林, 2020, pp.199-201

4.
＊ⅰ　岩田恵子・大豆生田啓友「保育の可視化へのプロセス」『玉川大学学術研究所紀要』第24号, 2018, p.2

参考文献

- 学校法人三幸学園こども未来会議（編）『保育する力』ミネルヴァ書房, 2018
- 神蔵幸子・宮川萬寿美・中川秋美（編著）『生活事例からはじめる保育原理』青踏社, 2015, pp.103-104
- 関係状況療法研究会（編）、土屋明美（監）『関係状況療法』関係学研究所, 2000
- 厚生労働省「令和元年度　保育士の業務の負担軽減に関する調査研究 事業報告書」2020
  https://www.mhlw.go.jp/content/000636458.pdf（2022/10/06）
- 保育の現場・職業の魅力向上検討会「保育の現場・職業の魅力向上に関する報告書」2020
  https://www.mhlw.go.jp/content/000701216.pdf（2022/10/06）
- 文部科学省「平成30年度 専修学校による地域産業中核的人材養成事業2019　保育分野における長期就労支援事業 報告書」三幸学園
- 社会福祉法人日本保育協会（監），佐藤和順（編著）『保育者の働き方改革：働きやすい職場づくりの実践事例集』中央法規出版, 2021
- 三幸学園チャイルドケア事業部「三幸学園ぽけっとランドこども未来会議の発表資料」2019, 2021
- 「特集 保育とICT」『発達169』ミネルヴァ書房, 2022
- 倉橋惣三『育ての心（上）』1976, フレーベル館

執筆担当

野津直樹　小田原短期大学 保育学科 准教授
編者／第1章1、2、3、4／第4章4／第5章／第6章

宮川萬寿美　小田原短期大学 保育学科 特任教授 , 乳幼児研究所 所長
編者／第1章5、コラム／第4章1、2、3

山本陽子　小田原短期大学 保育学科 准教授
第2章1、2

内山絵美子　小田原短期大学 保育学科 専任講師
第2章3

間野百子　小田原短期大学 保育学科 教授 , 博士（子ども学）
第2章4

竹内あゆみ　小田原短期大学 保育学科 専任講師
第2章5、6

上野文枝　小田原短期大学 保育学科 准教授 , 社会福祉士
第3章

野津裕子　森の里幼稚園 園長
第1章コラム／第2章コラム／第4章コラム／第6章コラム

本間一江　小田原市おだぴよ子育て支援センター　センター長
第3章コラム

西美佳　三幸学園ぽけっとランド・広島こども保育園 園長
第4章コラム

菅沼絵美　伊勢原ひかり幼稚園
第5章コラム

保育・教職実践演習　実践力のある保育者を目指して

2023年1月16日　初版第1刷発行
2024年4月1日　初版第2刷発行

編著者　野津直樹・宮川萬寿美
発行者　服部直人
発行所　株式会社萌文書林
　　　　〒113-0021　東京都文京区本駒込6-15-11
　　　　TEL 03-3943-0576　FAX 03-3943-0567
　　　　https://www.houbun.com
　　　　info@houbun.com
印刷所・製本所　中央精版印刷株式会社
デザイン・DTP　久保田祐子（クリエイティブ悠）
イ ラ ス ト　西田ヒロコ
図 表 作 成　RUHIA
@Naoki Nozu, Masumi Miyakawa 2023, Printed in Japan
ISBN：978-4-89347-393-6